Johan Bouman

# Christen und Muslime

Johan Bouman

# Christen und Muslime

## Was sie verbindet und was sie trennt

BRUNNEN
VERLAG GIESSEN · BASEL

3. Auflage 2001

Umschlagmotiv: Superbild, Berlin
Umschlaggestaltung: Ralf Simon
Satz: Typostudio Rücker, Linden
Herstellung: St.-Johannis-Druckerei, Lahr
ISBN 3-7655-1020-3

# Inhalt

# Einleitung

»Alle westlichen Zivilisationen, die ihre Macht genießen, sind in ihrem Inneren sehr schwach. So habe keine Angst und keine Furcht ..., denn Gläubige fürchten nur Allah den Allmächtigen ... Erinnere dich, dass Allah die Ungläubigen niederschlagen und besiegen wird.«

Diese Worte stehen in einem Leitfaden für Terroristen, den die »Washington Post« in Auszügen veröffentlichte. Das fünfseitige Dokument wurde im Gepäck gefunden, das der mutmaßliche Selbstmordattentäter Muhammed Atta zurückgelassen hatte. Der Dreiunddreißigjährige soll die Boeing 767 des American-Airline-Fluges 11 gelenkt haben, die am frühen Morgen des 11. September 2001 in den nördlichen Turm des World Trade Center in New York stürzte. Zwei weitere Exemplare des Leitfadens wurden im Auto eines anderen mutmaßlichen Entführers und im Wrack des bei Pittsburgh in Pennsylvania abgestürzten Flugzeugs entdeckt.

»Sobald du das Flugzeug betrittst, solltest du zu Allah beten, denn jeder, der zu Allah betet, wird gewinnen, denn du tust dies für Allah«, heißt es in dem Leitfaden. Und weiter: »Dies ist die Stunde, in der du Allah treffen wirst ... Wenn du deine Tat beginnst, schlage hart wie ein Held zu. Und wie Mustafa sagte, einer der Anhänger des Propheten, töte und denke nicht an den Besitz derjenigen, die du töten wirst. Denn dies wird dich vom eigentlichen Zweck deiner Tat ablenken, denn dies ist gefährlich für dich.«[1]

Dieser Leitfaden hatte für die letzten Lebensjahre und besonders die letzten Lebensstunden der neunzehn Attentäter an Bord der vier abgestürzten Passagiermaschinen offenbar große Bedeutung. Einige von ihnen hatten sich in Deutschland auf ihre Tat vorbereitet. Wie Muhammed Atta studierte der dreiundzwanzigjährige Marwan Al Shehhi an der Technischen Universität in Hamburg-Harburg. Er flog das andere Flugzeug, das den zweiten Turm des World Trade Center zerstörte. Mit beiden hatte der Libanese Ziad Jarrah Kontakt, der in Greifswald studiert hatte. Er saß in der Maschine, die bei Pittsburgh abstürzte.

Der Leitfaden zeigt, dass die terroristischen Anschläge religiös motiviert waren. Die Attentäter hoffen bei ihren Vorbereitungen auf ein Leben und auf Belohnungen nach dem Tod. »Es ist eine Kampfaktion für Allah«, sollen sie sich beim Betreten des Flugzeugs und beim Platznehmen vorhalten. Der Leitfaden spielt auf die Siegesverheißungen an, die Allah dem Propheten Mohammed geoffenbart hat: Hundert Gläubige werden über tausend Gegner siegen (Sure 8,65).

Die siegreiche Schlacht Mohammeds bei Badr im 2. Jahr seines Auszugs aus Mekka (624 n.Chr.) ist dafür Vorbild. Allah schenkt der kleinen Schar von Gläubigen den Sieg über die gegnerische Übermacht: »Und nicht ihr habt sie (d.h. die Ungläubigen, die in der Schlacht bei Badr gefallen sind) getötet, sondern Allah« (Sure 8,17)[2].

Kurz vor dem tödlichen Aufprall soll der Attentäter die *Shahada* aufsagen, das islamische Glaubensbekenntnis: »Wenn die Zeit der Wahrheit kommt und die Stunde Null erreicht ist, dann ... heiße im Namen Gottes den Tod willkommen. Sekunden vor dem Ziel sollten deine letzten Worte sein: ‚Es gibt keinen anderen Gott als Allah. Mohammed ist sein Bote'«, so der wörtliche Text des Leitfadens.

Mohammed Attas persönliches Testament vom 11. April 1996 wurde in dessen Gepäck gefunden. Es dokumentiert, dass sein Vermögen nach den Regeln des Islam aufgeteilt werden soll, ein Drittel davon ist für die Armen bestimmt. Er will nach islamischer Sitte bestattet werden: »Sollte die Zeremonie nicht dem moslemischen Glauben entsprechen, werden die Betroffenen dafür zur Verantwortung gezogen.«

Die erschütternden Dokumente für den religiösen Fundamentalismus der Beteiligten haben in Deutschland neu die Frage nach den Grundlagen des islamischen Glaubens geweckt. Glauben Muslime und Christen an denselben Gott? Was haben Islam und Christentum an Gemeinsamkeiten, aber auch an Unterschieden aufzuweisen?

Mit diesen Fragen setzt sich Johan Bouman in seinem Buch auseinander. Bouman hat sich als Professor für Religionsgeschichte in Brüssel, Beirut, Bochum und Marburg intensiv mit dem Islam beschäftigt, Vorträge gehalten und mehrere Bücher zum Thema veröffentlicht.[3] Schon in der ersten Auflage des vorliegenden Buches (1993) spricht Bouman vom Islam als der größten gegenwärtigen Herausforderung des christlichen Glaubens und der christlichen Ethik seit der Zeit der Alten Kirche. Dies scheint sich durch die

Terroranschläge noch verstärkt zu haben. Der Religionswissenschaftler nannte in seiner damaligen „Einführung“ (S. 8–10) drei Gründe für seine Feststellung:

1) Der Islam behauptet, dass alle früheren Heiligen Schriften durch die Offenbarung im Koran bestätigt, vervollkommnet und verbessert werden.

2) Die Offenbarung im Koran versteht sich als Vervollkommnung der biblischen Offenbarungen. Daraus folgt, dass die Gemeinde von Judentum und Christentum der Vergangenheit angehört.

3) Die theologische Kritik der liberalen Theologie an der Jungfrauengeburt Jesu, am Verständnis des Kreuzestodes Jesu als Sühneleiden und an seiner Auferstehung bestätigt die islamische Sicht von Jesus, wie man sie im Koran findet.

Diese drei Gründe führen, so Bouman, zu einer starken islamischen Glaubensgewissheit und einem aggressiven Missionsbewusstsein. In der durch Atheismus und Zerfall der christlichen Moral in die Krise geratenene westlichen Welt müssen deshalb auch die Fundamente des christlichen Glaubens genauso ernst bedacht werden wie die Grundlagen des Islam. Denn aus islamischer Sicht gehört dem Christentum die Vergangenheit, dem Islam aber die Zukunft. So wird Mohammed geoffenbart: »Ihr (Gläubigen) seid die beste Gemeinschaft, die unter den Menschen entstanden ist. Ihr gebietet, was recht ist, verbietet, was verwerflich ist, und glaubt an Allah. Wenn die Leute der Schrift (Juden und Christen) glauben würden (wie ihr), wäre es besser für sie. Es gibt (zwar) Gläubige unter ihnen. Aber die meisten von ihnen sind Frevler« (Sure 3,110).

Dieses missionarische Selbstbewusstsein des Islam macht den Vergleich zentraler Themen in der Sicht des Korans und in der Sicht der Bibel nötig. Glauben Muslime und Christen an ein und denselben Gott?

Dr. Jochen Eber

# I. Der Islam – eine nachbiblische Religion

## Einleitung

Muhammad, Stifter und Prophet des Islam, hat in seiner Vaterstadt Mekka von etwa 610 bis 622 n. Chr. gelebt und gepredigt und von 622 bis zu seinem Tode im Jahre 632 in Medina.

Der biblische Kanon, die autorisierten Schriften des Alten und Neuen Testaments, war zu dieser Zeit schon längst abgeschlossen. Auch der große Babylonische Talmud, aus dem nicht wenige Erzählungen in den Koran übernommen wurden, war 499-500 n. Chr. im heutigen Irak vollendet worden. Damit ist schon vom zeitlichen Gesichtspunkt aus der Islam als nachbiblische Religion erwiesen. Dennoch reicht das Argument der Zeit nicht aus, den Islam als eine nachbiblische Religion zu qualifizieren; das muß auch inhaltlich aus der Lehre des Islam hervorgehen.

Die Offenbarungen – Muhammad zuteil geworden – wurden in einer Heiligen Schrift, dem Koran – al-Qur'an –, aufgeschrieben. Schon dieser Name ist ein Programm, der auf eine christliche bzw. jüdische Tradition zurückgeht. Die Christen des Orients hatten für die Bezeichnung des Vortrags aus der Heiligen Schrift den Namen *qerjan, qerjana*. An diese Form wurde das arabische Verb *qara'a* angepaßt: aus *qerjan* wurde *Qur'an* (Koran). Schon in den ältesten Abschnitten des Korans wird Qur'an in diesem Sinne verwendet, z.B. in Sure 85,21-22: »Es ist ein preiswürdiger Qur'an, auf einer wohlverwahrten Tafel« (Übersetzung Paret). Diese Tafel ist als im Himmel gedacht vorhanden, und damit wird auch die göttliche Herkunft des Korans begründet. Daß der Koran als eine Heilige Schrift göttlicher Offenbarung betrachtet wird, geht ebenfalls aus den ältesten Abschnitten hervor. Wenn der Koran vorgetragen wird, werfen sich die Gläubigen in Anbetung nieder (84,21).

Aber auch inhaltlich erweist sich der Koran als eine nachbiblische Schrift. Die Erzählungen des Korans gehen zumeist, wenn auch keineswegs ausschließlich, auf Mitteilungen zurück, die der Prophet von Kennern der biblischen Schriften und ihrer späteren Erklärungen erhielt. Der Umfang dieser Erzählungen ist beträchtlich. Würden wir sie aus dem Koran herausnehmen, wäre er um mehr als ein Drittel kleiner.

Dieses biblische Material ist nicht nur eine Übernahme: Der Islam ist die einzige Weltreligion, die im Namen des Gottes der Bibel den Glauben von Juden und Christen bestätigt, aber auch zu korrigieren und zur Vollendung zu bringen beansprucht.

## Das Fundament des Islam

Das Wesen des Islam findet seinen Ausdruck im Glaubensbekenntnis *(shahāda)*, das lautet:

»Ich bekenne, daß es keinen Gott gibt außer Gott.

Ich bekenne, daß Muhammad der Gesandte (Apostel) Gottes ist.«

Jeder, der diese beiden Sätze aus innerer Überzeugung ausspricht, ist ein Muslim, d.h. er hat sich Gott völlig unterworfen *(islam)*.

### *Der Glaube an den einzigen Gott und sein biblischer Hintergrund*

Bereits grammatikalisch ist der erste Glaubenssatz in arabischer Sprache· la i*laha* illa Al*lah* eine Tautologie, d.h. der zweite Teil sagt genau dasselbe aus wie der erste. Inhaltlich bedeutet dies, daß Gott durch nichts, was außerhalb von Gott ist, definiert werden kann. Anders gesagt: Gott kann nur durch Gott verstanden werden. Diese Lehre der absoluten Einzigkeit und Einzigartigkeit Gottes bildet das Herzstück der Verkündigung des Korans. Z.B. Sure 42,11: »Es gibt nichts, was ihm gleichkommen würde.«

In diesem Zusammenhang wichtig ist die Sure 112 – liturgischer Höhepunkt im Freitagsgottesdienst der Moschee – die Sure des *Ikhlas*, deren Bedeutung »die endgültige Hingabe an die Reinheit des Glaubens« ist. 112,1: Er ist Gott, der Einzige *(ahad)*; 112, 2: Gott ist *al-samad* = der in alle Ewigkeit in sich selbst Beständige; 112,3: Er hat weder Kinder gezeugt, noch ist er selber gezeugt worden. Zu diesem Vers sagt der Korankommentar von Yusuf Ali:

»Dieser Vers hat zum Ziel, die christlichen Gedanken von Gott Vater, Gott Sohn usw. zu entkräften.« Aus diesem Grund kann es in einer leeren Moschee auch keine symbolische Darstellung Gottes geben, wie z.B. das Kreuz auf dem Abendmahlstisch bzw. auf dem Altar.

Dennoch hat dieser erste Glaubenssatz einen deutlichen biblischen Hintergrund. Sowohl für das Alte Testament (AT) wie auch für das Judentum ist der fundamentale Glaubenssatz 5. Mose 6,4: »Höre Israel! Der Herr unser Gott, der Herr, ist einzig *(ehad)*.« Die hebräische und arabische Form sind sogar dieselbe! In den Gebeten der Juden ist dieser Vers die Annahme des Joches des Königreiches Gottes (Ber. 2,2), denn es legt dem Juden auch moralisches Handeln auf. Aber anders als in Sure 112 ist in 5. Mose 6,5 die Folge: »Darum sollst du den Herrn, deinen Gott, lieben mit ganzem Herzen, mit ganzer Seele und mit ganzer Kraft!« (Einheitsübersetzung).

Jesus hat dieses alttestamentliche Fundament bestätigt. Als er nach dem wichtigsten Gebot gefragt wurde, antwortete er mit 5. Mose 6,4f, fügte aber als zweites hinzu: »Du sollst deinen Nächsten lieben wie dich selbst« (Mk 12,28-34 = Mt 22,34-40 = Lk 10,25-28). Auch dieses zweite Gebot stammt wörtlich aus dem AT, und zwar aus 3. Mose 19,18. Weil die Schriftgelehrten über die Bestimmung des »Nächsten« unterschiedlicher Meinung waren, stellten sie Jesus auf die Probe. Jesu Antwort ist das Beispiel des Barmherzigen Samariters. »Der Nächste ist, der barmherzig an ihm gehandelt hat« (Lk 10,25-37). Der Samariter, der Volksfeind, hat dem verwundeten Juden Nächstenliebe erwiesen. Ein weiteres Mal hat Jesus 3. Mose 19,18 zitiert und als Auslegung hinzugefügt: »Liebt eure Feinde und betet für die, die euch verfolgen« (Mt 5,43-48).

Auch die jüdische Weisheit hat aus 3. Mose 19,18 eine ähnliche Folgerung gezogen. Rabbi Hillel bezeichnete als Wesen der ganzen Tora: »Was du dir an Bösem nicht zufügen willst, tue das auch einem anderen nicht« (Shab. 31a). Diese Antwort gab auch der Märtyrer Rabbi Akiba. Der Lehre Jesu am nächsten kommt ein Wort aus Avot de Rabbi Nathan 23: »Wer ist mächtig? Der aus einem Feinde einen Freund macht.«

Für die Bibel ist also die Lehre von der Einzigkeit und Einzigartigkeit Gottes am engsten verbunden mit der Liebe zu Gott und zum Nächsten. Einige Parallelen dazu hat auch der Koran. In Medina wurde Muhammad offenbart: »Sag! Wenn ihr Gott liebt, dann folgt mir (Muhammad), damit Gott euch liebt und euch eure Schuld vergibt« (3,31). In die damalige Situation Arabiens paßt das Wort: »Und unter den Menschen gibt es welche, die sich außer Gott andere (zu Göttern) nehmen, indem sie ihnen dieselbe Liebe erweisen wie ihm. Doch die Gläubigen lieben Gott mehr« (2,165). Es gibt Leute, denen der Besitz »lieber ist als Gott, als sein Gesandter und als das Kriegführen um Gottes willen« (9,24).

Der Koran kennt tatsächlich die Liebe zu Gott, aber anders als in der Bibel ist diese Liebe zu Gott weder das Fundament des Glaubens, noch das Wesen aller Gebote. Das muß auch eine Konsequenz haben für die Liebe zu den Feinden. Über das Verhältnis zu den Feinden spricht der Koran unterschiedlich. Einerseits heißt es: »Und am Tag (des Gerichts), da die Feinde Gottes zum Höllenfeuer versammelt werden« (41,19) und: »Ihr Gläubigen! Nehmt euch nicht meine und eure Feinde zu Freunden« (60,1). Andererseits aber sagt der Koran auch: »Vielleicht wird Gott bewirken, daß sich zwischen euch und denjenigen von ihnen (d.h. von euren noch nicht zum Islam übergetretenen Landsleuten), mit denen ihr verfeindet waret, Zuneigung einstellt« (60,7).

Dieser Vers ist sehr situationsgebunden. Mit seinen Feinden hatte Muhammad den Vertrag von Hudaibiya geschlossen, der es ihm erlaubte, im nächsten Jahr mit seinen Muslimen die Pilgerfahrt nach Mekka zu unternehmen. Eine Bekehrung der Mekkaner zum Islam war damit nicht mehr ausgeschlossen. In Mekka aber, zu Beginn der Verkündigung Muhammads, hat ein reicher Mekkaner sich als Feind des Islam erwiesen. Gott bedroht ihn mit dem Tode (74,11-15). Aus der jüdischen Tradition (Avot de Rabbi Nathan 23) scheint 41,34 zu stammen: »Die gute Tat ist nicht der schlechten gleichzusetzen. Weise (die Übeltat) mit etwas zurück, was besser ist als sie, und gleich wird derjenige, mit dem du verfeindet warst, wie ein warmer Freund sein.«

Aus alldem wird deutlich, daß die Liebe zu dem Nächsten, wie sie in der Bibel gefordert wird, im Koran nicht vorkommt. Das zweite Gebot, das Jesus dem ersten gleichstellte, kommt im Koran so nicht vor. Das Verhältnis zu den Feinden bzw. zu den Nächsten hängt von der augenblicklichen Situation und den jeweiligen Bedingungen ab. Die Ursache hierfür liegt in der Liebe Gottes selber.

Wir müssen also die Eigenschaften Gottes im Koran und in der Bibel näher betrachten.

Obwohl der Koran lehrt, daß Gott mit nichts verglichen werden kann, benennt er Gott mit den 99 schönsten Namen und schreibt ihm Eigenschaften zu, welche die islamische Theologie mit besonderen Qualifikationen beschrieben hat. Auch bei dieser Beschreibung der Eigenschaften Gottes wird der nachbiblische Charakter des Korans deutlich. Der Koran bezeichnet Gott durchweg als den Schöpfer des Himmels und der Erde, der erschafft, was er will (3,45; 28,68). Aber besonders wird er als der Schöpfer der Menschen hervorgehoben, z.B. 4,1: »Ihr Menschen! Fürchtet euren Herrn, der euch aus einem einzigen Wesen (Adam) geschaffen hat« (vgl. 6,2,98; 7,189; 16,70; 30,40). Der Vergleich mit 1. Mose 1 liegt auf der Hand. Auch dort ist der Mensch die Krone der Schöpfung – in der Stilfigur der hebräischen Sprache durch das dreimal wiederholte »Gott schuf« zum Ausdruck gebracht (1. Mose 1,27).

Als Schöpfer aller Dinge ist Gott auch allmächtig. Ein Thema, das der Koran ständig wiederholt, z.B. 23,84-89: Ihm gehört die Erde; als Herr der sieben Himmel ist er der Herr des gewaltigen Thrones; in seiner Hand liegt die Königsherrschaft *(malakut)* über alles. Genau dasselbe sagt auch die Bibel, z.B. Ps 103,22: »Lobt den Herrn, all seine Werke, an jedem Ort seiner Herrschaft.« Auch die spätere jüdische Tradition – die Muhammad kennengelernt hat – betont diese Allmacht. »Gesegnet seist du, Herr unser Gott, König des Alls, dessen Kraft und Macht die Erde erfüllt« (Ber. 9,2).

Weil Gott der allmächtige Schöpfer ist, ist er auch der allmächtige Richter über die ganze Schöpfung und alle Menschen. »Die Entscheidung steht an jenem Tag (des Gerichts) einzig und allein Gott zu« (82,19). In der Eröffnungssure, die in der islamischen Frömmigkeit etwa die Funktion des christlichen Vater-Unsers hat, heißt es: »Lob sei Gott, dem Herrn der Menschen in aller Welt ..., der am Tag des Gerichts regiert.« Diesen Gedanken äußert auch die Bibel. Abraham nennt Gott den Richter über die ganze Erde (1 Mose 18,25). Im Talmud taucht dieses Thema immer wieder auf. Als Schöpfer des Himmels, der Erde und der Menschen, richtet Gott die Menschen nach dem, was sie getan haben.

Diese Lehre führt unmittelbar zu der Eigenschaft der Gerechtigkeit Gottes. Rein umfangmäßig spricht etwa jeder dritte Vers im

Koran auf die eine oder andere Weise in einem bestimmten Zusammenhang über Gottes Gerechtigkeit (Daud Rahbar, God of Justice, Leiden 1960, S. 255). Wichtig ist natürlich die Frage, wie diese Gerechtigkeit näher qualifiziert wird. Eine schmerzhafte Strafe wird den Ungläubigen angedroht, nicht aber denjenigen, die glauben und tun, was recht ist. Sie haben Lohn zu erwarten, der ihnen als Wohltat nicht vorenthalten wird (84,22-25). »Gott hat die Ungläubigen verflucht, und er hat den Höllenbrand für sie bereit ... Ihr Gläubigen! Fürchtet Gott und sagt, was recht ist: dann läßt er euch eure Werke gedeihen und vergibt euch eure Schuld. Wer Gott und seinem Gesandten gehorcht, hat damit großes Glück gewonnen« (33,63-71). Die Ungläubigen werden im Feuer der Hölle bestraft (6,93-94; 10,52-54; 17,97; 22,19-22; 27,90; 40,71-72). »Was nun diejenigen angeht, die an Gott glauben und an ihm festhalten, so wird er sie in seine Barmherzigkeit und Huld eingehen lassen und auf einem geraden Weg zu sich führen« (4,175). Es handelt sich hier um eine strikte Dichotomie (Zweiteilung) der Gerechtigkeit Gottes: Es besteht eine unüberbrückbare Trennlinie zwischen der Bestrafung der Ungläubigen und der Belohnung der Gläubigen.

Der biblische Hintergrund ist auch hier gut erkennbar. Ps 1,1 lautet: »Wohl dem Mann, der nicht dem Rat der Frevler folgt ... Denn der Herr kennt den Weg der Gerechten, der Weg der Frevler aber führt in den Abgrund« (V. 6). Diese Trennung der Schafe von den Böcken beim Weltgericht verkündet auch Mt 25,31-46.

Es erhebt sich die Frage nach dem Verhältnis von Gerechtigkeit und Barmherzigkeit. Der Koran spricht viel von der Barmherzigkeit Gottes. Jede Sure, mit Ausnahme der neunten, fängt mit der *bismillah*-Formel an: »Im Namen Gottes, des barmherzigen Erbarmers.« In Sure 6,12 und 54 heißt es: »Gott hat sich zur Barmherzigkeit verpflichtet«, und in 21,107: »Wir haben dich (Muhammad) gesandt, um den Menschen in aller Welt Barmherzigkeit zu erweisen.« Der Koran fügt aber hinzu, daß diese Barmherzigkeit Gottes allmächtigem Willen unterworfen ist (12,56; 17,54; 42,8). Ferner ist Gottes Barmherzigkeit an Bedingungen geknüpft. »Ihr Gläubigen! Fürchtet Gott und glaubt an seinen Gesandten, dann gibt er euch einen doppelten Anteil an seiner Barmherzigkeit« (57,28). Der Glaube wird als Vorbedingung für den Empfang der Barmherzigkeit erwähnt (45,30; 76,31). Wer sich vor dem Letzten Gericht fürchtet, der kann vielleicht Erbarmen finden (36,45). Der Koran beschreibt die Barmherzigkeit als einen Aspekt der göttlichen Gerechtigkeit. Sehr deutlich geht dies aus dem Aufbau der ersten Sure hervor: »Lob sei Gott, dem Barmherzigen und Gütigen, der am Tag des Gerichts regiert. Dir dienen wir, und dich bitten wir um Hilfe. Führe uns den geraden Weg, den Weg derer, denen du Gnade erwiesen hast und die nicht dem Zorn verfallen sind und nicht irregehen.«

In der Literatur der talmudischen Rabbinen wird das Problem des Verhältnisses von Gottes Gerechtigkeit und Barmherzigkeit an vielen Stellen eingehend besprochen. Die im Alten Testament vorkommenden beiden Gottesnamen *JHWH* und *Elohim* werden in dem Sinne ausgelegt, daß *Elohim* für die Gerechtigkeit und *JHWH* für die Barmherzigkeit steht (Gen.R. 33,3). Aber letztlich siegt die Barmherzigkeit über die Gerechtigkeit. Das wird in der folgenden Aggadah* zum Ausdruck gebracht: »Während drei Stunden am Tage sitzt Gott und richtet die ganze Welt. Wenn er sieht, daß die Welt es verdient, wegen des vorherrschenden Unrechts vernichtet zu werden, verläßt er den Thron seiner Gerechtigkeit und setzt sich auf den Thron seiner Barmherzigkeit« (Abodah Zarah 3 b).

In legendärer Form sagt diese Aggadah dasselbe, was der Dekalog verkündet (2 Mose 20,5-6). Zu der Sünde des Götzendienstes wird gesagt: »Denn ich, der Herr, dein Gott, bin ein eifersüchtiger Gott. Bei denen, die mir feind sind, verfolge ich die Schuld der Väter an den Söhnen an der dritten und vierten Generation; bei denen, die mich lieben und auf meine Gebote achten, erweise ich Tausenden meine Huld.« Aus dem Zahlenverhältnis »dritte und vierte« zu »Tausenden« wird ersichtlich, daß Gottes Barmherzigkeit größer ist als seine strafende Gerechtigkeit.

Die *bismillah*-Formel des Korans nennt Gott den barmherzigen Erbarmer *(al-rahman al-rahim)*. Mit derselben Bezeichnung haben die Rabbinen Gott *rahmana* genannt. Sie haben aber diese Qualifikation unmittelbar mit Gott als dem Richter der Welten in Verbindung gebracht und festgestellt, daß auch dort seine Barmherzigkeit vorherrschen wird. Das Traktat Pirqe Aboth 3,19 sagt dazu: »Die Welt wird durch Gnade gerichtet.«

Hinsichtlich des Gottesbegriffes kann daraus geschlossen werden, daß der Koran in dem Sinne nachbiblisch ist, als viele seiner

---

* Siehe »Begriffserklärung« Seite 103.

Qualifikationen Gottes einen unmittelbar biblischen Hintergrund haben, der teilweise aber auch aus nachbiblischer jüdischer und christlicher Tradition stammt. Nicht zu übersehen ist aber, daß der Koran eigene Wege gegangen ist, Wege, die von der unmittelbaren Situation Muhammads in Arabien vorgezeichnet waren. Es ist die Aufgabe der einzelnen Kapitel, diese Gemeinsamkeiten und Unterschiede entsprechend ihrer Bedeutung richtig zu gewichten.

Die zweite Formel des islamischen Glaubensbekenntnisses lautet: »Muhammad ist der Gesandte (Apostel – *rasul)* Gottes.« Auch hier kann ein biblischer Hintergrund festgestellt werden. Das AT sagt deutlich, daß Gott seine Propheten als Gesandte schickt: »Geh und rede als Prophet zu meinem Volk Israel« (Am 7,15). »Danach hörte ich die Stimme des Herrn, der sagte: Wen soll ich senden? Wer wird für uns gehen? Ich antwortete: Hier bin ich, sende mich« (Jes 6,8). »Wohin ich dich auch sende, dahin sollst du gehen, und was ich dir auftrage, das sollst du verkünden« (Jer 1,7).

Der Koran belegt das Prophetenamt mit zwei Namen: Prophet *(nabi)* und Gesandter, Apostel *(rasul)*. Aus beiden Namen ist der biblische Hintergrund ersichtlich. *Nabi* entspricht dem alttestamentlichen *nabi*. Das arabische *rasul* bedeutet Gesandter im Sinne einer Person, die geschickt worden ist. Dies entspricht dem alttestamentlichen *shalah,* dem Fachausdruck für das Senden eines Propheten durch Gott (Jes 6,8; Jer 1,7). Die Listen der Propheten im Koran sind ausführlich und umfassen ausschließlich Namen alt- und neutestamentlicher Herkunft (Sure 6,83-86; 4,163-164). Die meisten Namen stammen aus den fünf Büchern Mose. Aus dem NT stammen Zacharias, Johannes der Täufer und Jesus. Muhammad schließt die Reihe der Propheten ab. Als Siegel der Propheten (33,40) ist er deren endgültige Bestätigung und Vollendung.

Einige der Propheten *(nabi)* sind auch Gesandte. Gott hat zu einigen Gemeinden oder Völkern *(ŭmma)* einen für sie auserwählten Gesandten geschickt (10,47). Die Botschaft eines solchen Apostels lautet: »Dienet Gott und meidet die Götzen« (16,36), eine Art Wiederholung des ersten Satzes der *shahada**. Muhammad ist zu einem Volk geschickt, dem Gott vorher keinen Apostel gesandt hatte (28,46). Zu den aus der Bibel stammenden Aposteln gehören Noah, Lot, Ismael, Mose und Jesus. Außerdem sind einige der Apostel mit einer geoffenbarten Heiligen Schrift gekommen: Mose mit der Tora, David mit den Psalmen, Jesus mit dem Evangelium und Muhammad mit dem Koran. Wie Muhammad das Siegel der Propheten ist, so bestätigt der Koran alle früheren Heiligen Schriften (41,43; 46,12), denn er enthält die wesentliche Wahrheit (32,3; 69,51), ist somit vollständig (6,115).

Der Koran bietet keine durch viele Jahre sich entwickelnde prophetische Heilsgeschichte wie das AT. Die koranischen Listen der aufgezählten Propheten weisen Änderungen auf. Es ist nicht ihre Aufgabe, die chronologisch vorliegende biblische Geschichte nachzuerzählen, sondern vielmehr als einzelne Zeugen aufzutreten, um die Wahrheit der koranischen Offenbarung gegenüber den Ungläubigen zu bestätigen. Dementsprechend ist der Inhalt ihrer Botschaft derselbe wie der des Korans. »Und wir haben vor dir (Muhammad) keinen Gesandten auftreten lassen, dem wir nicht eingegeben hätten: Es gibt keinen Gott außer mir. Dienet mir!« (21,25). Ihre zweite Aufgabe ist – wie die Muhammads –, vor dem kommenden Gericht zu warnen. »Und wir schicken die Gesandten nur als Verkünder froher Botschaft und als Warner« (18,56).

Das Schicksal, das die Propheten erleiden müssen, gleicht dem Schicksal Muhammads in Mekka. Die Ungläubigen zu Zeiten der Propheten bedienten sich derselben Argumente wie die Feinde Muhammads in Mekka. »Und kein Gesandter kam zu ihnen, ohne daß sie sich über ihn lustig gemacht hätten« (15,11). »Wenn sie dich nun der Lüge zeihen, vor dir sind Gesandte der Lüge geziehen worden« (35,4,25). »So ist zu denen, die vor ihnen lebten, kein Gesandter gekommen, ohne daß sie gesagt hätten: Er ist ein Zauberer oder besessen« (51,52).

Die Straflegenden bilden im Koran den Schwerpunkt der Prophetengeschichten. Es sind Geschichten, in den biblische und altarabische Erzählungen in einer einheitlichen Weise geordnet sind. Ihre gemeinsame Struktur umfaßt die Predigt des Propheten und den Unglauben seines Volkes; Gott gewährt den Frevlern eine gewisse Frist, damit sie sich bekehren und dem Gottesboten Glauben schenken können, diese Frist wird von ihnen aber nicht wahrgenommen, und deswegen wird das ungläubige Volk in einer Katastrophe vernichtet, während der Prophet mit seiner Gemeinde gerettet wird. Auch hier wird biblisches Material der dem Koran eigenen Struktur zugeordnet. Die Prophetengeschichten dienen als warnendes Beispiel für alle, welche die Verkündigung Muhammads ablehnen.

Die biblischen Erzählungen – Noah und die Sintflut, Mose und der Untergang des Pharao im Roten Meer, Lot und die Vernichtung von Sodom und Gomorra – hat Muhammad allerdings nicht in ihrer ursprünglichen Gestalt übernommen, sondern sie aufgrund der im Kampf mit seinen mekkanischen Gegnern gemachten Erfahrungen neu gestaltet, bis die Propheten jener Erzählungen zu Doppelgängern seiner selbst geworden waren. Die Reden der Gottesboten der Vorzeit sind das Echo seiner eigenen, die Antworten und Vorwürfe, die deren Gegner erheben, der Widerhall dessen, was ihm in Mekka aus den Reihen seiner Feinde entgegenschallte (43,22-23).

Ungeachtet dieser Beschränkung und Umgestaltung sind die Straflegenden zum Hauptargument der islamischen Geschichtsinterpretation geworden, nach der Gott die islamischen Gläubigen segnet und rettet (23,1; 22,38; 39,61), während er die zugrunderichtet, die dem Islam und Muhammad mit Unglauben begegnen (16,107; 13,31; 40,6).

Auf diese Hauptlehre hat sich der Koran nicht zuletzt darum beschränkt, weil sie mit den persönlichen Erfahrungen Muhammads in Arabien übereinstimmte. Diese Lehre Muhammads über alle Propheten erstreckt sich auf eine Zeit von etwa 22 Jahren und hat sich in einem Gebiet entwickelt, das an religiöser und kultureller Geschichte arm war. Die islamischen Geschichtsschreiber bezeichnen die Zeit in Arabien vor Muhammad als »Zeit der Unwissenheit«. Demgegenüber umfaßt die Prophetie des AT mehrere Jahrhunderte und weist folglich viele Facetten auf. Im Koran fehlen eben die großen Schriftpropheten und damit die vielseitige Gestaltung der Verkündigung.

Der Prophet Amos spricht über Gottes strafende Gerechtigkeit ähnlich wie der Koran. Ein Gericht geht über die Völker wegen der Verbrechen aneinander. Aber auch über Israel ergeht das Gericht, weil das Volk Gott ungehorsam ist und die Tora zum eigenen Vorteil und zur Unterdrückung der Armen mißbraucht hat. Gottes Gerechtigkeit verlangt menschliche Treue. Gott hält darum die Möglichkeit zur Umkehr offen (5,15). Aber auch umgekehrt gilt: In seiner Treue zu seinem Volk kann Gott das Geschick Israels zum Guten wenden (9,14).

Der Prophet Amos hat also seine Verkündigung des Strafgerichts nicht in einen so engen und unausweichlichen Rahmen eingespannt wie der Koran. In der Predigt des AT kommt die Gerechtigkeit Gottes nicht ohne seine Liebe zum Vorschein. Auch Hosea legt davon Zeugnis ab. Er leidet unter der Untreue seiner Frau. Aus bitterer persönlicher Erfahrung hat er begriffen, wie Gott angesichts des Treuebruchs seines Volkes Israel leiden muß. Gott liebt und leidet, weil sein Volk »im Ehebruch lebt« (3,1). Diese Liebe kann zwar gegenüber dem Volk in Zorn geraten, bleibt aber dennoch Liebe (11,8-9). Gerade weil Gott auch in seiner Gerechtigkeit liebt, kann seine strafende Gerechtigkeit das Volk heilen.

Die Botschaft von der Gerechtigkeit Gottes ist also im AT nicht so einlinig wie im Koran. Gott richtet in seiner Gerechtigkeit nicht ohne seine Liebe, und beide sind heilsam.

Dennoch nimmt der Koran für sich in Anspruch, die Erfüllung und Vollendung der biblischen Geschichte zu sein. Diesen Anspruch belegt er in vier Grundthesen:

1) Der Koran bringt die wesentliche Wahrheit (32,2); er ist wahr und gewiß (69,51); er ist mit der Wahrheit herabgesandt (17,105); er ist in Wahrheit und Gerechtigkeit in Erfüllung gegangen (6,115); er bringt, was die früheren Propheten schon gesagt haben (41,43).

2) Muhammad ist das Siegel aller Propheten (33,40). »Siegel« wird hier im Sinne von »endgültiger Abschluß« und »Erfüllung« gebraucht.

3) Der Islam ist die von Gott selbst ausgewählte Religion: »Heute habe ich (Gott) für euch eure Religion vollkommen gemacht und euren Islam mit Wohlgefallen als die Religion angenommen« (5,4).

4) Die islamische Gemeinde ist die beste der ganzen Menschheit: »Ihr seid geworden die beste Gemeinde, die es je unter Menschen gegeben hat. Ihr befehlt das Gute und verbietet das Schlechte. Hätten die Juden und Christen auch geglaubt, es würde besser für sie sein« (3,110).

# II. »Sünde« in der Bibel und im Koran

## Vorbemerkung

Für ein besseres Verständnis der koranischen Texte ist es angebracht, den Aufbau des Korans zu erklären. Wer einen arabischen Koran aufschlägt, wird neben dem Titel der Sure (Kapitel) auch den Ort ihrer Offenbarung finden: in Mekka oder Yathrib, später Medina genannt. Diese Zweiteilung (Mekka oder Medina) hängt mit dem Lebenslauf und Schicksal des Propheten Muhammad zusammen. Von etwa 610 bis 622 n. Chr. trat er als Prophet in seiner Vaterstadt Mekka auf. Nachdem ihm dort die Lage zu gefährlich wurde, mußte er 622 mit seiner Gemeinde nach Medina ausweichen, wo er bis zu seinem Tode 632 als Prophet, Staatsmann und Heerführer aufgetreten ist.

Die europäische Orientalistik hat darüber hinaus eine detaillierte Einteilung des Koran vorgenommen.[4] Man unterscheidet:

1) Die erste mekkanische Periode. Die Suren und Verse sind sehr kurz, weisen Rhythmus und Reim auf, enthalten Schwurformeln. Die Sprache ist poetisch und emotional bewegt.

2) Die zweite mekkanische Periode. Sie zeigt einen Übergang des Stils von poetisch zu prosaisch. Einige theologische Themen beginnen sich herauszukristallisieren: die Zeichen Gottes sind in der Natur erkennbar; Gottes Eigenschaften werden genannt; Ankündigung des Letzten Gerichts mit endzeitlicher Zweiteilung der Menschheit in Paradies und Hölle; Personen des Alten Testaments – meist aus den fünf Büchern Mose – werden als Beweis für die Wahrheit der Predigt Muhammads mit ihrer Geschichte vorgeführt.

3) Die dritte mekkanische Periode. Die prophetischen Erzählungen aus dem AT werden länger, detaillierter, und damit haben die Suren auch einen größeren Umfang. Die Geschichten der alttestamentlichen Propheten werden mit dem Ziel erzählt, die ungläubigen Mekkaner vor dem kommenden Gericht zu warnen.

4) Die medinische Periode ist Ausdruck der wachsenden Macht Muhammads. Die Fundamente der geoffenbarten Ordnung des Islam werden nach Ge- und Verboten gelegt.

Die Suren bilden keine in sich geschlossene, fest geformte Einheit; die längeren sind z.T. aus Abschnitten unterschiedlicher Zeiten zusammengestellt.[5] Deshalb ist es auch unmöglich, eine Sure in ihrem Gesamtaufbau eindeutig zu bestimmen, wie auch in eine lückenlose Chronologie einzupassen. Ein solcher Versuch wird noch dadurch erschwert, daß der Koran die Suren nicht in chronologischer Folge, sondern nach ihrer Länge geordnet hat. Aus diesem Grunde stehen die kürzeren Suren, also die frühesten, gerade am Ende. Im allgemeinen werden wir die Einteilung in die vier genannten Perioden beibehalten.

Das Jahr 622 – *Hidjra** (Auswanderung) nach Medina und Anfang der islamischen Zeitrechnung – ist zwar die zeitliche Zäsur im Koran, wichtiger aber ist die theologische. Dieser theologische Einschnitt hat im zweiten Jahr nach der *Hidjra* mit der Schlacht bei Badr stattgefunden. Eine kleine Armee der Muslime aus Medina schlug die größere der Mekkaner in die Flucht. Die 8. Sure berichtet über das von Gott gewirkte Wunder.

Muhammad hatte sich bei allen bisherigen Schwierigkeiten auf die Juden und ihre Geschichte als Kronzeugen für den Islam berufen. Diese Verkündigung hatte er auch in den ersten Jahren in Medina beibehalten. Aus mehreren Gründen wollten und konnten die Juden in Medina den Islam nicht unterstützen.[6] Die göttliche Hilfe in der Schlacht bei Badr zeigte Muhammad, daß Gott mit dem Islam ist und er die Hilfe der Juden von Medina nicht mehr brauchte.

Damit ändert sich auch der Ton und die Perspektive der koranischen Predigt. Der Blick auf die Juden wird feindselig, und der arabische Charakter des Islam tritt immer mehr hervor.

## 1. »Sünde« im Alten Testament

Bibel und Koran haben als große Gemeinsamkeit, daß beide ausführlich über die Sünde reden. Wenn das AT von Sünde spricht, geht es nicht immer um eine Aussage auf religiösem Gebiet. Es stellt vielmehr die Sünde auf allen Gebieten menschlichen Lebens fest, mit der Folge, daß das wichtigste hebräische Wort für Sünde

– *hata* – nicht ausschließlich mit »Sünde« übersetzt werden kann. Der Begriff der Verfehlung bildet die Grundlage für alle weiteren Bestimmungen. Man kann mit einem Stein das Ziel verfehlen (Ri 20,16) oder, wer es übereilig hat, kann fallen (Spr 19,2). Die Verfehlung kann auch gegenüber einer Rechtsnorm geschehen (5 Mose 19,15), wodurch Sünde gegenüber einem anderen entsteht. Und weil die Rechtsnormen auf der Offenbarung Gottes beruhen, entsteht mittelbar auch Sünde gegenüber Gott. Auf all diesen Gebieten kann der Mensch fehlgehen.

Aus den vielfältigen Ausgestaltungen des Begriffs Sünde – die profanen und religiösen Bedeutungen stehen nebeneinander, können ineinander übergehen – folgt, daß das AT mehrere Wurzeln des Ausdrucks und der Bewertung dieses Begriffs vorweist. Einen anderen Aspekt bezeichnet die Wurzel *awon*. Die Grundbedeutung ist »krummsein« und kann auch »verkehrt behandeln«, »sich vergehen« einschließen. Wichtig aber ist die Bedeutung: durch Übertretung, durch Sünde entstandene Schuld. Gemeinsam mit der Wurzel *hata* tritt dieser Begriff in der Rechtssprache und im kultischen Bereich auf und betrifft dann die Heiligkeit Israels vor Gott (4 Mose 18,1.23).

Einen ganz anderen Aspekt vermittelt die Wurzel *pasha'*, welche die Tatkräftigkeit des Sünders betont. In der Grundbedeutung ist es Auflehnung, Empörung, Rebellion üben und bezeichnet den Bruch eines Treue- und Friedensverhältnisses, auch im profanen Bereich (1 Kö 12,19). Dadurch wird der Bund mit Menschen oder/und mit Gott gebrochen. Seine Bedeutung kommt der von *hata* nahe (1 Mose 31,36); bei den Propheten, besonders bei Amos, bezeichnet dieser Ausdruck das herausfordernde, selbstherrliche Verhalten des Menschen gegenüber Gott (Am 4,4).

Tiefgreifender als die psychologische ist in Israel die religiöse Bedeutung der Sünde. In Israel bedeutet Sünde Ungerechtigkeit, d.h. eine Handlung im Widerspruch zu den geoffenbarten Gesetzen. Wer seinen Bruder haßt oder ihn ungerecht behandelt, sündigt (3 Mose 19,17; 1 Mose 42,22). Alle Handlungen, die im AT mit Sünde bezeichnet werden, haben als wesentliches Charakteristikum den Bruch des Bundes mit Gott. Israel lebt und denkt in einem sakral geschlossenen Lebenskreis, der den Willen Gottes als das oberste, alle Menschen bestimmende Gesetz erkennt. Folgerichtig offenbart der Bruch dieses Bundes durch gottwidriges

Handeln das Wesen der Sünde. Gottes Norm verletzt zu haben, ist der Inhalt von Israels Sündenerkenntnis.

Diese Sündenerkenntnis gründet zwar – psychologisch gesehen – im menschlichen Gewissen, aber sein Lebensnerv ist die geoffenbarte Wahrheit Gottes. Sie hat in Israel zwei Schwerpunkte: die am Sinai geoffenbarte Tora (die Weisung in 2 Mose 19,1-40,38) und das sakrale Zentrum der unantastbaren Heiligkeit Gottes im Tempel (besonders im Allerheiligsten, wo sich der leere Thron Gottes befand). Weil das ganze Leben in der sakralen Ordnung Gottes eingebunden ist und mit der psychologischen Seinsordnung des Menschen in Übereinstimmung steht, bedeutet das Begehen einer Sünde nicht nur die Verletzung der göttlichen Ordnung, sondern auch den Zerfall und letztlich die Vernichtung des Sünders. Ein eindrückliches Beispiel ist die Geschichte des Raubes von Nabots Weinberg (1 Kön 21,1-29). Ahabs Blut wird an der Stelle fließen, wo die Hunde Nabots Blut geleckt haben. Gott läßt Hosea sagen, daß die Blutschuld von Jesreel dem Königtum in Israel ein Ende bereiten wird (1,4).

Daß Sünde sowohl die gesetzlichen Normen wie auch die der Schöpfungsordnung verletzt, bezeugen die Vorschriften von Ehe und Sexualität. Das AT nimmt das exklusive Verhältnis von Mann und Frau und die Heiligkeit der Ehe so ernst, daß eine schwere Verletzung nur durch die Todesstrafe gesühnt werden kann (3 Mose 18). Begründung: Schwere Sünden von Einzelpersonen richten schließlich das Leben der ganzen Gemeinschaft zugrunde. Diese theologische Aussage durchläuft beide Bücher der Könige und die der Chronik.

Das AT sieht einen Zusammenhang zwischen der Sünde und dem Bösen (*ra'* = das Böse, das Unheil, 1 Mose 44,34; 48,16). Weil die Sünde und das Böse ineinandergreifen, kann eine sündige Tat eine Bewegung von heillosen Folgen in Gang setzen. Ein eindringliches Beispiel ist die Auflehnung Mirjams und Aarons gegen Mose (4 Mose 12). Nachdem Gott Aaron von seinem Unrecht überzeugt hat, bittet Aaron den Mose, daß ihnen die Folgen ihrer Sünden nicht aufgebürdet werden. Im hebräischen Text (4 Mose 12,11) kommt zweimal die Wurzel *hata* vor: »lege uns nicht auf die *hatath* = die Strafe, die wir als Folge der Sünde zu tragen haben« und »dadurch, daß wir gesündigt haben *(hatanu)*«. Die Wurzel *hata* kann sowohl die Sünde wie auch die Strafe für die

Sünde bedeuten. Gott kann also die Sünde durch eine weitere Sünde bestrafen.

Deshalb kann der Gläubige beten, daß Gott diese Dynamik des Bösen ihn nicht tragen läßt. Die Zusammenballung dieser Kraft des Bösen zeigt das Wort des Psalmisten: »Wohl dem, dessen sündige Rebellion – *pesha* – vergeben, dessen sündiges Vergehen – *hatah* – bedeckt ist: Wohl dem Menschen, dem der Herr die Schuld – *awon* – nicht zur Last legt« (Ps 32,1-2). Die Dreiheit der alttestamentlichen Ausdrücke für Sünde betont ihre dynamische Kraft mit allen Folgen, von denen nur Gott erlösen kann. Die Schuld ist eine schwere Last, die einen Menschen erdrückt (Ps 38,5) und die er auf Dauer nicht tragen kann. Weil die eine Sünde andere hervorrufen kann, summiert sich die Kraft des Bösen. Sie äußert sich im Leiden und im Unglück, die der alttestamentliche Mensch als Strafe für seine Sünden angesehen hat. In diesem Zusammenhang ist das Wort Kains zu verstehen: »Zu groß ist meine Schuld *('awon)*, als daß ich sie tragen könnte« (1 Mose 4,13). Schmerz über die Sündenschuld wird durch Schmerz über Leid hervorgerufen oder ist mit ihm identisch. Diese Verkettung kann nur entstehen, weil die Norm von Recht und Moral in der Schöpfung eingebaut ist und weil sie Gottes Willen entspricht.

Wie 3 Mose 26 zeigt, hat das AT diese Tatsache sehr ernstgenommen. Voran gehen die Grundforderungen Gottes, seine Heiligkeit zu fürchten. Wenn Israel Gottes Gebote und Satzungen befolgt, wird Segen herrschen, aber Strafandrohung und Fluch im Falle von Ungehorsam. Wenn die Sünde in der Mißachtung von Gottes Weisungen ihren Lauf genommen hat, entsteht eine Schuld *(awon)*, deren Folgen selbst die Kinder zu spüren bekommen (26,39).

Die Sünde hat im AT ein schweres Gewicht. Ein Beispiel möge dies verdeutlichen. Abimelech nimmt Sara zur Frau, weil Abraham gesagt hat, sie sei seine Schwester (1 Mose 20). Gott läßt Abimelech im Traum seine Sünde erkennen, denn Gott hatte sein Haus mit Unfruchtbarkeit geschlagen. Diese Strafe hat Gott verhängt, weil Abimelech objektiv einen Frevel – *hatah* – begangen hat, indem er die Ehe eines anderen antastete. Unter keinen Umständen darf die Norm Gottes verletzt werden. Eine »Theorie« der Sünde gibt das AT nicht, vielmehr werden die einzelnen Sünden in unterschiedlichen Lebenssituationen mit ihren Folgen vor Augen gestellt.

Einen anderen Charakter hat die große theologische und geschichtliche Schau, die in 1 Mose 3-11 über den Einbruch der Sünde und ihr lawinenartiges Anwachsen eröffnet wird.[7] In den Erzählungen vom Sündenfall der ersten Menschen im Paradies bis zum Turmbau zu Babel wird die Urgeschichte der Menschheit anschaulich. Sie zeigt den dramatischen Zerfall des Treueverhältnisses der Menschen zu Gott und zu seinen Normen und Satzungen. Es wird eine Kette wirklicher Geschehnisse vorgeführt, deren Lauf nicht mehr rückgängig gemacht werden kann.

In der Paradiesgeschichte werden zwei Aspekte genannt, die gemeinsam das theologische und psychologische Wesen der Sünde ans Licht bringen.

1) Die Natur des Bösen und seine Versuchung ist nicht unmittelbar erkennbar. Die Schlange redet mit Klugheit und Verstand, was Eva einleuchtend erscheint. Hier zeigt sich das Mißverhältnis, welches zwischen der Geringfügigkeit der verbotenen Handlung und der Schwere der von Gott bezeichneten Folgen (nämlich des Todes) besteht. Die Schlange nimmt das Verbot Gottes nicht ernst, indem sie die Androhung des Todes verneint. Statt dessen gibt sie ihre eigene Deutung: die Folge wird nicht der Tod sein, sondern Erkenntnis von Gut und Böse (1 Mose 3,4-5).

2) Aufgrund dieser einleuchtenden Argumente nimmt auch Eva das Verbot nicht ernst. Hierdurch angeregt sieht sie einen ganz anderen Grund dieses Verbots. Verbot und Warnung seien nicht im Interesse der Menschen, sondern ein unbegreifliches Privileg Gottes. Gott wolle den Menschen durch Abschreckung etwas vorenthalten, was sie durch Übertretung des Verbots sich leicht und gefahrlos aneignen könnten. Sie werden wie Gott sein und um Gut und Böse wissen (3,6). Es liegt in der Natur und im Wesen der Sünde, daß sie die Tiefe ihres Abgrundes nicht zeigt und statt dessen eine den Menschen einleuchtende Verbesserung der Gebote Gottes vor Augen führt. Diese Verbesserung wird so dargestellt, daß der Mensch wie Gott sein wird, mit anderen Worten: Der Unterschied zwischen beiden wird aufgehoben, indem der Mensch, wie Gott, um Gut und Böse weiß.

Dieses Wissen aber entfaltet sich als ein zweischneidiges Schwert. Der hebräische Ausdruck *yada* (»erkennen«) hat als Grundbedeutung »wahrnehmen«, im Sinne von »eine Sache kennen«, »zu tun verstehen«, »einer Tätigkeit mächtig sein«. Somit kann der Mensch nach eigener Erkenntnis selbstherrlich, wie Gott, über Gut und Böse verfügen, braucht dafür letzten Endes nicht mehr die Vorschriften Gottes. Die göttliche Ordnung ist zerbrochen, der Mensch ist autonom und souverän geworden.

Aber die Sünde richtet sich nicht nur gegen Gott, sie vernichtet auch die menschliche Existenzweise. Dieser Prozeß der Vernichtung wird mit dem Ausdruck Sündenfall bezeichnet. In der Paradiesgeschichte wird sie durch drei Geschehnisse verdeutlicht.

1) Die Entdeckung der Scham als ein erstes Signal eines geheimnisvollen Bruches und eine schlummernde Gefahr, nicht nur der eigenen Leiblichkeit, sondern auch des Verhältnisses zwischen Mann und Frau (1 Mose 3,7).

2) Durch diese Zersetzung entsteht eine Furcht (3,10). Der Mensch hat seine Freiheit und Unbefangenheit gegenüber Gott verloren; seine Selbstherrlichkeit und Souveränität stößt an eine geheimnisvolle, transzendente Grenze.

3) Das Verhältnis zur Umwelt wird von Mühsal geprägt. Mensch und Natur stehen nicht mehr in einem harmonischen Nebeneinander. Diese Aspekte haben zur Folge, daß das Ende aller Dinge der Tod ist.

Der Verlauf dieser Sündenfallgeschichte zeigt, wie die Sünde, einmal angestoßen, eine eigene, wachsende Dynamik entwickelt. Bereits der Sohn des Paradies-Paares erschlägt seinen Bruder, weil er ihm das Wohlgefallen Gottes neidete. Das Bild des von der Sünde bestimmten Menschen wird in der Kainsgeschichte durch neue Züge erweitert. Der Haß, dieses neue Element, beginnt ihn bis ins Physiognomische hinein zu entstellen (4,5).

Bei den Nachkommen Kains entsteht eine neue Komponente. Sie waren Schmiede (4,22); dies ermöglichte es ihnen, Schwerter zu schmieden. Von nun an ruft das eine das andere hervor, und die Sünde schaukelt sich hoch. Das Schwert verschafft ihnen Macht, und dank dieser Macht wächst der Durst nach Rache und Vergeltung ins Maßlose (4,24).

Allmählich steigert sich die Sünde zu einer Katastrophe, indem die Schlechtigkeit des Menschen (6,5) zunimmt und alles Sinnen und Trachten seines Herzens böse ist. Die Sünde ist an einem absoluten Tiefpunkt angelangt. Auf diese Entartung seiner Schöpfung hin entschließt sich Gott, die Menschheit im Gericht der Sintflut zu vernichten. Zum ersten Mal in der Bibel wird davon gesprochen, daß es Gott reute, die Menschen erschaffen zu haben. Mit anderen Worten: Das Experiment Mensch ist fehlgeschlagen. Und gerade deswegen geht auch ein Teil der Schöpfung zugrunde. Aber Gottes Gericht ist nicht ohne seine tragende Geduld. In Noah hat er die Menschheit bewahrt und mit dem Regenbogen als Zeichen den Bestand der natürlichen Ordnung feierlich garantiert (9,1-17).

Wie tief und ernsthaft die Menschen der Bibel über die Macht der Sünde nachgedacht haben, zeigt der weitere Verlauf dieser Geschichte. Man würde logischerweise erwarten, daß die Menschen aus dieser Katastrophe eine Lehre gezogen hätten und nach den Anweisungen des Gottesbundes mit Noah leben würden. Aber statt Gehorsam erscheint Hochmut, die deutlichste Komponente der Sünde. Der Hochmut wird symbolisiert durch den Bau eines Riesenturmes mit der Spitze bis zum Himmel – in der Sprache der Bibel ein Zeichen für die Welt Gottes (11,4). Als Gott nun sah, daß diese Kombination von Hochmut und Macht die Menschheit dazu führen würde, vor nichts mehr zurückzuschrecken, hat er, um Schlimmeres zu verhüten, ihre Sprache verwirrt: Babel bedeutet Wirrsal.

Damit hat die Bibel zum zweiten Male das einzigartige Phänomen [8] der Sprache angedeutet. In der Schöpfungsgeschichte gibt Gott Adam die Macht, die Lebewesen zu benennen (2,19ff). Die Sprache hat also die Würde eines schöpferischen Vermögens von seiten des Menschen. Mit deren Hilfe kann der Mensch die Aufgabe der begrifflichen Ordnung der ihn umgebenden Welt bewältigen. Die Sprache wird als ein Instrument in die Ordnung der Schöpfung eingefügt. Wenn Gott nun am Ende der Turmbaugeschichte die Sprache verwirrt *(balal* – 11,9), dann erscheint das Phänomen der Sprache in einem neuen Licht. Die Verwirrung ist eine vorbeugende Maßnahme Gottes, damit das Zusammengehen von Hochmut und unbeschränkter Macht nicht zum Himmel hinaufsteige, d.h. auch die göttliche Welt in menschliche Macht übergehe.

Die Lehre der Sünde im AT zeigt, wie die dynamische Entwicklung der Macht der Sünde, verbunden mit einem steigenden Vermögen in der Macht über die Möglichkeiten, die Mensch und Welt in sich tragen, zu einer immer tieferen Entfremdung des Menschen von Gott führt, eine Entfremdung und Gottverlassenheit, die am Kreuz Christi ihren Tiefpunkt erreicht.

## 2. »Sünde« im Neuen Testament

Das Sündenverständnis des NT baut auf dem des AT auf. Die in griechischer Sprache formulierten Begriffe sind auf dem Weg der griechischen Übersetzung des AT – der »Septuaginta« (LXX) – in das NT eingeflossen. Die LXX hat die alttestamentlichen Worte für Sünde, am meisten aber *hata,* mit *hamartanein* übersetzt. Die Grundbedeutung ist: »nicht treffen«, »verfehlen«, »fehlgehen« und somit auch »sich verfehlen«, »sündigen«.

Auf diesem Wege schließt sich das NT in der Wiedergabe des Begriffes Sünde der LXX an. Fast immer handelt es sich um Vergehen gegen Gott mit einer Betonung der Schuld. Dementsprechend sind auch die verschiedenen alttestamentlichen Bedeutungen der Sünde in das NT übergegangen. Im NT hat *hamartia* drei Hauptformen: a) Sünde als Einzeltat; b) Sünde als Wesensbestimmtheit des Menschen; c) Sünde als eine über einen Menschen herrschende Macht. Aber in der Betonung der Macht der Sünde hat das NT andere Akzente als das AT gesetzt. *Hamartia* ist im NT ihrem Wesen nach die Gottesferne und Gottesfeindschaft. Dieses tiefste Wesen der Sünde ist an dem sündlosen Leben, Leiden und Sterben Jesu Christi zur vollen Entfaltung gekommen. An ihm wird sichtbar, was Sünde wirklich ist und wie sie überwunden wird.

Sünde als Gottesferne hat Jesus im Gleichnis vom Verlorenen Sohn (Lk 15,11-32) verdeutlicht. Sünde ist Weggehen aus dem Vaterhaus, Gott-losigkeit, E-lend (= aus dem eigenen Lande).

Die Bedeutung Jesu als Überwinder der Sünde steht im Mittelpunkt des NT. In diesem Sinne ist das NT die Erfüllung des AT. Der in Jeremia 31,31-34 angekündigte Neue Bund wird im Abendmahl verwirklicht. In Mt 26,28 heißt es: »Das ist mein Blut, das Blut des Bundes (2 Mose 24,8; Jer 31,31), das für viele vergossen wird zur Vergebung der Sünden.« Auch das Wort des Gottesknechtes aus Jesaja 53,12; »Denn er trug die Sünden von vielen und trat für die Schuldigen ein«, ist in Jesus in Erfüllung gegangen. Durch Jesu Kommen in diese Welt, durch sein Sterben und Auferstehen, wird die Sünde als Macht überwunden und damit die Grundlage für die neue Welt Gottes gelegt.

Auf diese Bedeutung gehen besonders die johanneischen und paulinischen Schriften des NT ein.

Bei Johannes treten folgende Aspekte der Sünde besonders hervor:

Wie im AT ist Sünde ein Vergehen gegen das Gesetz. 1 Joh 3,4: »Wer Sünde tut, handelt gesetzwidrig, denn Sünde *(hamartia)* ist Gesetzwidrigkeit *(anomia)*.« 1 Joh 5,17: Sünde ist eine gegen das Recht, gegen die göttliche Satzung gerichtete Handlung *(adikia)*. Als *adikia* ist die Sünde Widerspruch gegen das Recht und die von Gott geoffenbarte Satzung, und damit auch gegen den göttlichen Willen *(anomia)*. Durch den Widerspruch gegen Gott und seine Satzungen gibt sich der Mensch der Gottlosigkeit preis, die sich konkret in der Versündigung gegen den Nächsten äußert. Damit ist der Mensch schuldig vor Gott und seinem Nächsten.

Diese innere Dynamik des Bösen wird von den johanneischen Schriften als diabolisch betrachtet. 1 Joh 3,8: »Wer die Sünde tut, stammt vom Teufel; denn der Teufel sündigt von Anfang an.« Durch die Kraft und Macht der Sünde wird der Mensch zum Sklaven der Sünde. Auf diese Tatsache hat Jesus besonders hingewiesen, hierauf deutet auch das doppelte »Amen«, das seine Worte in Johannes 8,34 einleitet: »Amen, amen, das sage ich euch: wer die Sünde tut, ist (ein) Sklave der Sünde.« Wer Sklave ist, hat seine Freiheit verloren und ist unter die Macht eines Fremden gekommen. Sünde ist Knechtschaft unter einer dämonischen Macht und damit völliges Getrenntsein von Gott.

Vor diesem Hintergrund verkünden die johanneischen Schriften, daß der in der Sklaverei der Sünde gefangene Mensch durch das Sühneopfer Christi befreit ist: »Jesus Christus ist die Sühne *(hilasmos)* für unsere Sünden, aber nicht nur für unsere Sünden, sondern auch für die der ganzen Welt« (1 Joh 2,1-2). Damit ist auch angedeutet: Wer die Sendung Christi und sein stellvertretendes Opfer willentlich verneint, bleibt in seiner Sünde. Aber diese Sünde ist mehr als Unrecht und Gesetzlosigkeit, sie ist die Sünde, die nach 1 Joh 5,16 zum Tod führt.

Auch bei Paulus wird die dämonische Tiefe der Sünde im Christusgeschehen offenbar. Der sündige Mensch ist unfähig, sich aus eigener Kraft aus der Sklaverei der Sünde zu befreien. Ein zentraler Text ist Römer 5,8: »Gott aber hat seine Liebe zu uns darin erwiesen, daß Christus für uns gestorben ist, als wir noch Sünder waren; jetzt sind wir durch sein Blut gerecht gemacht« (V. 9); »mit Gott versöhnt durch den Tod seines Sohnes« (V. 10).

Durch das Christusgeschehen ist das Wesen der Sünde offenbar geworden. Sünde ist nicht nur die verfehlte Einzeltat eines Menschen, sondern vielmehr eine die ganze Menschheit bedrohende Macht. Auf die Frage nach dem Woher der Sünde antwortet Paulus mit dem Judentum: Durch Adam kam die Sünde in die Welt (Röm 5,12ff). Mit der Sünde kommt der Tod in die Welt. Die Macht der Sünde über alle Menschen wird durch die Herrschaft des Todes erkennbar.

Der Sündenbegriff des Paulus geht damit aber über das Judentum hinaus. Das Wesen der Sünde ist Auflehnung des sich selbst behauptenden Menschen gegen Gott. Dies gilt für die Juden mit dem Gesetz ebenso wie für die Heiden ohne Gesetz, aber mit dem Zeugnis ihres Gewissens (Röm 2,15). Die außerordentliche Macht der Sünde wird allerdings durch das Gesetz offenbar.

In Römer 7 eröffnet Paulus eine tiefgehende psychologische und theologische Analyse der Dialektik des Gesetzes. Grundlage ist, daß das Gesetz heilig, gerecht und gut ist (V. 12). Aber an den Geboten des Gesetzes wird die psychologische Macht der Sünde offenbar. Denn das Gebot alleine reicht nicht aus, um die Verfehlung zu vermeiden. Somit hat die Sünde sich durch das nicht gehaltene Gebot in ihrem ganzen Ausmaß als Sünde erwiesen (V. 13). Weil gerade das Gesetz durch seine Mahnung die Sünde vermeiden will, das Gesetz aber auf die Ohnmacht des Menschen der Sünde gegenüber trifft, ist die Funktion des Gesetzes, die Sünde in ihrem ganzen Charakter zu enthüllen. Durch die Entfremdung von Gott erweist sich der Mensch als unfähig, das von Gott gebotene Gute zu erfüllen. Durch das Gesetz offenbart sich die Sünde als Feindschaft gegen Gott, die sich dem Gesetz Gottes nicht unterwerfen kann (Röm 8,7).

Paulus hat die dämonische Macht der Sünde immer in einem engen Zusammenhang mit der Erlösung in Christus gesehen. Das Christusgeschehen trifft den Menschen als einen unter der Macht der Sünde Versklavten, aber es bewirkt auch die Überwindung der Sünde. Beide Gedanken gehen ineinander über: »Alle haben gesündigt und die Herrlichkeit Gottes verloren. Ohne es verdient zu haben, werden sie gerecht, dank seiner Gnade, durch die Erlösung *(apolytrōseōs)* in Christus Jesus« (Röm 3,12-24). Gerade weil die

Sünde eine so diabolische Macht hat, kann die Aufhebung der Sünde nur durch die Sühne geschehen. Deshalb ist Jesu Sterben die existentielle Auseinandersetzung mit der Sünde. Der Sühnetod Christi ist die einzig mögliche Antwort Gottes auf die Sünde als Gottlosigkeit. »Ihn (Christus) hat Gott dazu bestimmt, Sühne zu leisten *(hilastérion)* mit seinem Blut ...« (Röm 3,25). Hier mündet die Vergebung der Sünde in das ontologische Geschehen des Sühnetodes Jesu am Kreuz, weil die Sünde mehr ist als die Einzeltat eines Menschen.

## 3. »Sünde« im Koran

Auf den ersten Blick erscheint die Sünde im Koran auf dieselbe Weise wie in der Bibel. Das koranische Wort für Sünde hat die gleiche Wurzel wie im AT, nämlich *khati'a* (Plural: *khatāya).* Auch in der Bedeutung gibt es eine Übereinstimmung mit dem AT: Sünde ist moralische Verfehlung; die Wurzel *kh-t-'a* bedeutet im allgemeinen: fehlen, das Ziel nicht erreichen, einen Fehler machen, der Pfeil trifft das Ziel nicht.

Im Koran kommen die Ableitungen der Wurzel kh-t-'a in mehreren Bedeutungen vor. Im Sinne von Fehler, Verfehlung heißt es in Sure 17,31: das Töten von Kindern ist eine schwere Verfehlung.

Schwerwiegender aber ist die Verfehlung gegenüber Gott und seinen Geboten. Wie im AT nennt der Koran das Beispiel Noahs. Das Volk zu Zeiten Noahs hat, statt Gott zu dienen und dem Propheten Noah Gehorsam zu leisten, seine Götter nicht aufgegeben und ist damit schuldig geworden: »Aufgrund ihrer Sünden wurden sie ertränkt« (71,25). Hier tritt ein wichtiges Merkmal des Korans zutage. Die Noahgeschichte wird nicht – wie im AT – als Ereignis in der dynamischen Entwicklung der Sünde nach dem Fall Adams erzählt, sondern steht einzeln da, ohne inneren Zusammenhang mit dem Fall Adams. Vielmehr dient diese Geschichte als belehrendes Beispiel für die ungläubigen Mekkaner und als Ermutigung für Muhammad.

In der ersten Periode in Mekka hat es einen nicht namentlich genannten Widersacher Muhammads gegeben, der die Gläubigen davon abzuhalten suchte, das Pflichtgebet *(salāt)* zu verrichten. Gott hat ihn gesehen und zum Sünder erklärt (96,10-16).

In der 4. Sure, 105-112 (ein Abschnitt, der in Medina geoffenbart wurde), wird der Koran zum Maßstab erhoben, um zwischen den Menschen zu entscheiden. Wer sich diesem Urteil nicht beugt, dem wird gesagt, daß Gott einen Verräter und Sünder nicht liebt (4,107). Wer eine Sünde begeht, begeht sie zu seinem eigenen Nachteil (4,111).

Auch die 2. Sure wurde in Medina geoffenbart. Zu dieser Zeit war die feindselige Auseinandersetzung mit den dortigen Juden voll entbrannt. Weil die Juden den Islam und Muhammad nicht angenommen haben, wird ihnen gedroht: »Diejenigen, die eine schlechte Tat begehen und von ihrer Sünde erfaßt sind, werden Insassen des Höllenfeuers sein und ewig darin weilen« (2,81).

In der dritten mekkanischen Periode ruft Muhammad das Zeugnis der früheren Propheten an, unter ihnen auch Noah. Sie haben, wie Muhammad, Gott als den Schöpfer des Himmels und der Erde verkündet. Dieser Botschaft nicht glauben ist Schuld *(dhunūb)*. Die Sünder bekommen noch eine bestimmte Frist, sich zu bekehren, danach folgt das Gericht (14,10).

In einer Rede Muhammads gegen die ungläubigen Mekkaner (46,29-32) verkünden sogar die Wüstengeister *(djinn)*, daß Unglaube gegenüber Muhammad, dem Gesandten Gottes, Schuld *(dhunūb)* bedeutet. Auf diese Schuld folgt eine schmerzhafte Strafe, falls die Ungläubigen nicht umkehren. Dieselbe Botschaft brachte Noah: Gott dienen und dem Propheten Glauben schenken.

Ein Problem bildet 53,32. Die 53. Sure wurde in der ersten mekkanischen Periode geoffenbart. Den drei weiblichen Göttinnen von Mekka *al-Lāt, al-'Uzzā* und *Manāt* (V. 19-20) wird Allah gegenübergestellt; ihm gehört das Jenseits und das Diesseits (V. 25). Die Folgerung zieht V. 29: »Wende dich nun von denen ab, die sich von unserer Mahnung (dem Koran) abkehren, und denen der Sinn nach dem diesseitigen Leben steht.« Gott weiß, wer von seinem Weg abirrt (V. 30). Der eingefügte Vers 32 spricht über schwere Sünden *(ithm)* und abscheuliche Handlungen, ohne sie weiter zu umschreiben. Hat die spätere Redaktion aufgrund der Einfügung sie als Götzendienst betrachtet? In Hinblick auf 40,3 läßt sich diese Vermutung belegen. In diesem Vers, der aus der dritten mekkanischen Periode datiert, ist die Rede von Sünde *(dhanb)*. Aus dem Kontext geht hervor, daß *dhanb* in Zusammenhang mit der geoffenbarten Schrift und den Zeichen Gottes steht, ohne wiederum genau zu definieren. Auch ohne genaue Beschreibung wird in 39,53 (3. mekk. Periode) die Schuld *(dhunūb)* genannt. Sind es die Ungerechtigkeiten, welche die bösen Menschen tun, wenn es ihnen gut geht (V. 51 – *zalamū*), statt auf Gott zu vertrauen, der den Unterhalt reichlich zuteilt?

Der Koran nennt allerdings auch eine Sünde, die genau umschrieben wird. In 4,48 (medinische Periode) heißt es: »Gott vergibt nicht, wenn man ihm andere Götter beigesellt« *(shirk)*. Diese deutliche Aussage ist schon ein Hinweis darauf, was im Koran als das Wesen der Sünde betrachtet wird. Sie ist im tiefsten Grunde Götzendienst und in Zusammenhang damit auch Ungehorsam und Unglauben gegenüber der Botschaft der Propheten, besonders aber Muhammads. Von dieser Sünde *(shirk)* und dem Unglauben gegenüber der prophetischen Verkündigung berichtet der Koran, daß das Gericht unaufhaltsam die Ungläubigen treffen wird (8,38 – medinische Periode nach der Schlacht bei Badr).

Der Koran unterscheidet drei Kategorien von Sünden: 1) Leichte Sünden, die den Glauben an Gott und an die prophetische Verkündigung Muhammads nicht in Frage stellen (z.B. 7,31 – Gott liebt diejenigen nicht, die beim Essen und Trinken nicht Maß halten).

2) Schwere Sünden *(Kabā'ir al-ithm)*, die Gott nach seinem unergründlichen Willen sofort vergeben oder während einer bestimmten Zeit bestrafen kann. In 42,37 (3. mekkanische Periode) werden sie mit abscheulichen Handlungen – ohne nähere Angabe – gleichgestellt. Menschen, die sich mit schweren Sünden beladen, wird dennoch der Glaube nicht generell abgesprochen.

3) Unglaube *(kufr)* und Götzendienst *(shirk)*. Sie können nur durch Bekehrung zum Islam, Buße und Reue vergeben werden. Wer nicht umkehrt, dem droht die Bestrafung in der Hölle (z.B. 8,36).

Im Koran gibt es also einen zentralen Schwerpunkt der Sünde: Gott andere Götter beizugesellen *(shirk)* und der prophetischen Verkündigung nicht zu glauben *(kufr)*. Um diesen Schwerpunkt gruppieren sich leichtere oder schwerere Sünden, die aber in den meisten Fällen den islamischen Glauben nicht aufheben. Dazu gehört z.B. die Ehe mit einer bereits verheirateten Frau (4,24); verflucht ist, wer verheiratete Frauen ungerechtfertigt des Ehebruchs beschuldigt (24,23 – medinische Periode); ebenso ist eine Heirat mit heidnischen Frauen Sünde (2,221 – medinische Periode) oder mit ehemaligen Frauen Muhammads (33,53 – medinische Periode); die Feinde Gottes zu Verbündeten nehmen (60,1 – medinische Periode); die Waise von sich wegstoßen (107,2); das Nichtbeten des Pflichtgebets (107,5) und Diebstahl (5,38 – medinische Periode) sind Sünde.

Wie in Teilen des AT ist auch hier von Gelegenheitssünden, von Fall zu Fall auftretend, die Rede. Muhammad hat sich nicht über das Wesen der Sünde ausgesprochen, sondern alle Vorfälle innerhalb und außerhalb seiner Gemeinde pragmatisch behandelt. Dieser Pragmatismus gegenüber der Sünde ist nicht singulär; auch auf anderen Gebieten zeigt sich Muhammad als ein nach jeweiligen Umständen pragmatisch Handelnder.

In einer schlimmen Zeit der Opposition und des Unglaubens der Mekkaner schlagen die Quraysh* einen Vertrag vor. Wenn Muhammad die drei Göttinnen annimmt, würden sie sich Muhammad anschließen. In einer Offenbarung nennt Muhammad tatsächlich diese drei Göttinnen. Erst später, nachdem dies nichts bewirkt hat, erkennt er, daß Satan ihm diese Verse einflüsterte (Tabari, Tafsir XVII, 119). Oder ein Beispiel aus den ersten zwei Jahren in Medina: Die Mekkaner drohen mit Krieg, innerhalb von Medina herrscht noch Unglauben. Seine wirklichen Bundesgenossen sind die hiesigen Juden. Um sie für den Islam zu gewinnen, betet er in der Richtung nach Jerusalem, nimmt sie als Gläubige auf in die Gemeindeordnung und fastet mit ihnen am Versöhnungstage. Als die Juden sich daraufhin nicht gewinnen lassen, ändert Muhammad die Gebetsrichtung (nach Mekka) und schreibt das Fasten im Monat Ramadan vor (2,185). Auf dieselbe pragmatische Weise hat Muhammad auf die Sünden und Übertretungen seiner Gemeinde reagiert. Es ging ihm offensichtlich nicht um eine theologische Schau über das Wesen der Sünde, sondern um die Festigung, Verteidigung und Ausbreitung des Islam in einer großen, teils feindseligen Umwelt.

Bleibt noch die Frage, ob die Sündenfallgeschichte Muhammad zu einem tieferen Verständnis der Sünde verholfen hat. Tatsächlich erzählt der Koran den Fall Adams. Wie im AT ist auch im Koran der

Satan die Ursache für die Sünde. »Da veranlaßte sie der Satan, einen Fehltritt zu tun, wodurch sie des Paradieses verlustig gingen« (2,36). Als Verbot hat der Koran angegeben, sie sollten nicht »diesem Baum nahekommen, sonst gehört ihr zu den Frevlern« (*zālim* – 2,35).

In diesem koranischer Abschnitt fehlt der psychologische und theologische Hintergrund der diabolischen Versuchung ebenso wie auch das Wesen der neuen Erkenntnis von Gut und Böse. In einem anderen Zusammenhang wird mehr davon erzählt. In der 7. Sure (3. mekkanische Periode) wird die Schöpfung erzählt und berichtet, welche Lehre die Gläubigen aus dem Fall Adams zu ziehen haben. Gott verbietet Adam und seiner Frau, sich »diesem Baum zu nahen« (*taqrabā*, V. 19). Der Satan flüstert ihnen ein: »Euer Herr hat euch diesen Baum verboten, um zu verhindern, daß ihr zu Engeln werdet oder zu Wesen, die ewig leben« (V. 20). Statt der Erkenntnis von Gut und Böse und dem Versprechen, wie Gott zu werden, läßt der Koran den Satan sagen, Adam und Eva würden zu Engel werden. Hierfür gibt es keine Vorlage im AT, auch nicht in der sonstigen jüdischen oder christlichen Tradition. Aller Wahrscheinlichkeit nach hat Muhammad den in 1 Mose 3,5 geäußerten Gedanken mit 1 Mose 3,22 vermischt: »Daß er jetzt nicht die Hand ausstreckt, auch von dem Baum des Lebens nimmt, davon ißt und ewig lebt.« Auch der Koran berichtet, daß Adam und Eva sich schämen und sich Kleider anlegen. Damit verbindet der Koran die Warnung an die Menschheit: »Ihr Kinder Adams! Daß euch der Satan nur nicht in Versuchung führt, wie er eure Eltern in Versuchung geführt und aus dem Paradies vertrieben hat, indem er ihnen ihre Kleider auszog, um sie ihre Scham sehen zu lassen! ... Denen, die nicht glauben, haben wir (Gott) die Satane zu Freunden gemacht« (V. 27). Durch diese Aussage werden der Ungehorsam gegenüber Gottes Gebot und der Unglaube zu Wesensmerkmalen der Sünde erklärt. Die Ermordung Abels durch Kain erzählt der Koran in Sure 5,27-30 (medinische Periode).

In der 20. Sure (2. mekkanische Periode) wird zunächst die Geschichte von Mose erzählt, dann vom Tag der Auferstehung und des Gerichtes, schließlich die Paradieserzählung berichtet. Diesmal hat die Versuchung des Satans folgenden Inhalt: »Adam, soll ich dich zum Baum des ewigen Lebens und zu einer königlichen Herrschaft, die nicht hinfällig wird, weisen?« (5,120).

Der Koran berichtet auch über die Strafe. »Und wir sagten: ‚Geht vom Paradies hinunter auf die Erde. Ihr seid einander Feind (vgl. 20,123). Und ihr sollt auf der Erde Aufenthalt haben, und Nutznießung auf eine beschränkte Zeit'« (2,36 – medinische Periode). Über Mühsal und Plagen als Kennzeichen des Lebens infolge der Sünde macht der Koran keine Andeutungen. Etwas ausführlicher ist der Bericht aus 7,25 (2. mekkanische Periode): »Er sagte: ‚Auf ihr (Erde) werdet ihr leben und auf ihr sterben und aus ihr werdet ihr (bei der Auferstehung) hervorgebracht werden'.« In diesem Vers klingt 1 Mose 3,19 mit.

Auch in der jüdischen Tradition wird der Fluch mit der Hoffnung auf die Auferstehung verbunden. Im »Leben Adams und Evas« (41, Kautzsch II, S. 527) heißt es: »Erde bist du, und zur Erde wirst du zurückkehren. Jetzt verheiße ich dir die Auferstehung.« Und in dem Traktat Gen. r. 20,26 hören wir: »Denn Staub bist du, und zum Staub sollst du zurückkehren« (1 Mose 3,19). Dies enthält einen Hinweis darauf, daß die Tora die Wiederbelebung der Toten lehrt. Es heißt nicht: Denn Staub bist du, und zum Staub gehst du, sondern: »zum Staub kehrst du zurück«.

Adam aber zeigt Reue und betet um Vergebung. »Sie sagten: ‚Herr! Wir haben gegen uns selbst gefrevelt. Wenn du uns nicht vergibst und dich über uns erbarmst, werden wir sicherlich verloren sein'« (7,23). Von der Buße Adams berichtet schon die jüdische und christliche Literatur. Gen. r. 21,6 gibt eine Erklärung zu 1 Mose 3,22. »Dieser Vers bedeutet, daß Gott ihm (Adam) die Pforte der Buße öffnete.« Im christlichen Bereich heißt es im »Leben Adams« (4, Kautzsch II, S. 152): »Aber recht und billig ist es, daß wir trauern vor Gottes Angesicht, der uns erschaffen hat. Laßt uns große Buße tun: vielleicht vergibt uns Gott der Herr, erbarmt sich unser und weist uns etwas zu, davon wir leben können.«

Gott vergibt und bietet seine Hilfe an. Die Worte, die der Koran in 2,37–39 ausspricht, sind von großer Bedeutung für das koranische Sündenverständnis: »Hierauf nahm Adam von seinem Herrn Worte entgegen. Und Gott wandte sich ihm wieder zu, denn er nimmt die Buße an und zeigt Barmherzigkeit. Wir sagten: ‚Geht allesamt von hier hinunter. Wenn dann von mir eine rechte Leitung zu euch kommt, brauchen diejenigen, die ihr folgen, keine Angst zu haben und sie werden nicht traurig sein'.«

Damit ist die Sünde Adams zu einem Einzelfall geworden, die den späteren Generationen keine Angst (vor dem Gericht, wie Paret erläutert) mehr bereiten wird. Sie hat sich damit in den Katalog aller anderen Sünden eingereiht, die sich von Fall zu Fall ereignet haben. Dennoch ist die Möglichkeit zu sündigen für alle späteren Generationen nicht aufgehoben. Die Sünde bleibt wirksam im Bereich des Unglaubens, wie V. 39 erklärt: »Diejenigen aber, die ungläubig sind *(kafarū)* und unsere Zeichen für Lüge erklären, werden Insassen des Höllenfeuers sein und ewig darin weilen.« Diese Lehre hatte bereits Sure 20, 123-124 (2. mekkanische Periode) vorgetragen: »Wer dann meiner rechten Leitung folgt, geht nicht in die Irre und wird nicht unglücklich. Wer sich aber von meiner Mahnung abwendet, hat ein ängstliches Leben. Und am Tag der Auferstehung werden wir ihn blind zu uns versammeln.«

Der Koran kennt also keine Ursünde, deren Dynamik sich durch die Generationen hindurch fortsetzt. Ebenso ist für die paulinische Sündenlehre im Koran kein Platz. Sünde sei immer ein Einzelfall im menschlichen Leben und die rechte Leitung Gottes samt seiner koranischen Mahnung reiche aus, um den Gläubigen auf dem rechten Weg zu halten und ihn vor der Hölle zu bewahren.

Ausgenommen die Sünde von *shirk** und *kufr** wird ihr ansonsten keine verheerende Kraft beigemessen. Diese koranische Lehre hat zweierlei Ursachen. Zum ersten hat der Fall Adams als Einzelfall keine verheerenden Folgen für die späteren Generationen. Zum anderen macht die natürliche Beschaffenheit des Menschen ihn zu einem Muslim. Hierüber berichtet 30,30: »Richte dein Antlitz auf die Religion als *hanīf* (Verehrer des einzigen Gottes) nach der natürlichen Beschaffenheit *(fitra)*, in der Gott die Menschen erschaffen hat *(fatara)*. Es gibt keine Änderung in der Schöpfung Gottes. Das ist die richtige Religion. Aber die meisten Menschen wissen es nicht.«

Der Nachdruck in diesem Vers liegt auf der natürlichen Beschaffenheit der Menschen. Sie ist so sehr der Allmacht Gottes unterworfen, daß nichts dies abändern kann. Maßgebend ist also die Situation, in die der Mensch hineingeboren wird. Hierüber gibt das Wort *hanīf** Auskunft. Im Koran ist ein *hanīf*, wer die echte und reine monotheistische Religion hat. Besonders steht dieser Ausdruck für Abraham als Träger der reinen Gottesverehrung. Er wird deswegen ein Muslim genannt (6,79). So hat auch die spätere

Tradition diesen Koranvers verstanden, und zwar in dem Sinne: »Jedes Kind wird in der *fitra* geboren; es sind seine Eltern, die aus ihm einen Juden, einen Christen oder einen Parsi machen« (Muslim: Qadar, Trad. 22; Bukhari, Tafsir, Sura 30, b. 1; Qadar, b. 3). Auf diesen Koranvers bezogen, bedeutet die Erklärung, daß jedes Kind als Muslim geboren wird; *fitra* bedeutet einfach Islam. Jeder Mensch ist in seiner natürlichen Beschaffenheit ein Muslim. Somit hat der Sündenfall Adams für das Menschengeschlecht keine Folgen. Ein Sühnetod oder »das Lamm, das die Sünden der Welt trägt« (Joh 1,29), ist für den Islam keine Notwendigkeit. Es ist ausreichend, wenn Gott die Sünden vergibt.

Dies führt zu dem zweiten Thema. Weil die Sünden nur Einzelfälle sind, bleibt das Wesen der Sünde an der Oberfläche. Die Vergebung kann hierüber Näheres aussagen.

# III. »Vergebung« im Koran

Die Vergebung der Sünden ist ein herausragendes Thema der koranischen Botschaft. Dieser Begriff kommt in allen Zeitabschnitten der Entstehung des Korans vor und zieht sich wie ein roter Faden durch den ganzen Koran. Der Koran hat eine Fülle von Ausdrükken für den Begriff Vergebung. Bedeutend ist die Ableitung von der Wurzel *ghafar*. Ihre grundlegende Bedeutung: eine Sache bedecken, zudecken und demnach vergeben. Der Vergebende kann Gott oder ein Mensch sein. In der arabischen Konkordanz zum Koran von G. Flügel (Leizpig 1842, S. 136–139) umfaßt die Wurzel *ghafar* mit allen Ableitungen vier kleingedruckte Spalten, schon ein lexikographisches Zeichen, wie wichtig dieser Begriff ist. Die Spalten geben lediglich die Textstellen an – ohne Zitate.

Eine zweite, im Koran weniger benutzte Wurzel ist *'afw* mit der Bedeutung: alle Spuren wegwischen, z.B. wie der Wind, wegtun und damit auch vergeben. Diese Wurzel hat dieselbe Bedeutung wie *ghafar* und kann gleichlautend übersetzt werden. Da sie von *ghafar* völlig abgedeckt wird, kommt sie weniger vor. Bei Flügel (S. 127) füllt sie nur eine einzige Spalte.

Die Bedeutung der Vergebung ist im Koran fest strukturiert. Grundlage dieser Struktur: Der Glaube an Gott ist die absolut notwendige Vorbedingung, um seiner Vergebung teilhaftig zu werden. Im Gegenzug ist auch die umgekehrte Vorbedingung zu nennen: Bei Unglaube kann Gott nicht vergeben. Dieser Glaube kann sich speziell auf Gott oder auch auf Gott und seinen Gesandten Muhammad beziehen. Das letztere spielt in der medinischen Periode eine große Rolle. So z.B. in Sure 57,28: »Ihr Gläubigen! Fürchtet Gott und glaubt an seinen Gesandten, dann gibt er euch einen doppelten Anteil an seiner Barmherzigkeit und macht euch ein Licht, in dem ihr umhergehen könnt, und vergibt euch. Gott ist barmherzig und bereit zu vergeben.« Ähnlich lautet Sure 33,70–71 (medinische Periode): »Ihr Gläubigen! Fürchtet Gott und sagt, was recht ist; dann läßt er eure Werke gedeihen und vergibt euch eure Schuld.« Dieselbe Struktur findet sich auch in Sure 8,29 (medinische Periode). Die 8. Sure ist von größter Bedeutung, denn sie wurde unmittelbar nach der Schlacht bei Badr geoffenbart. Aus dem Sieg gegen eine mekkanische Übermacht wurde deutlich, daß Gott mit dem Islam ist. Zudem bedurfte Muhammad nicht mehr die Hilfe der zweifelnden Juden in Medina. In dieser Atmosphäre sind die Worte zu verstehen: »Ihr Gläubigen! Wenn ihr Gott fürchtet, verschafft er euch die Hilfe der Trennung *(furqān)*, tilgt euch eure schlechten Taten und vergibt euch.« Wichtig ist, daß hier die Vergebung im Kontext mit *furqān* genannt wird. *Furqān* steht in 8,29 (und 8,41) in Verbindung mit der Befreiung von schlechten Taten und mit der Vergebung. Somit kann es auch die Bedeutung von Errettung und Hilfe haben. Aber weil dieses Wort – es kommt siebenmal im Koran vor – besonders in der Zeit nach der Schlacht von Badr genannt wird, hat Muhammad die ursprüngliche arabische Bedeutung von *trennen* betont. Die Errettung und Hilfe geschieht durch die heilsame Trennung der Muslime von ihren Feinden als ein deutliches Zeichen, daß Gott den Muslimen vergeben und sie aufgenommen hat. Die Voraussetzung dazu war, daß sie vor der Entscheidungsschlacht von Badr an Gott und Muhammad geglaubt haben.

Auch die umgekehrte Bedingung hat eine absolute Aussagekraft: Gott vergibt den Ungläubigen nicht.

Die 47. Sure wurde in einer für Muhammad schwierigen Zeit geoffenbart. Sie entstand kurz nach der *Hidjra**. Die aggressive Feindschaft der Mekkaner hat sich schon bemerkbar gemacht (V. 1-4). Aber angesichts dieser Bedrohung sind viele Araber aus Medina wieder ungläubig geworden, weil sie einem Machtkampf mit Mekka aus dem Weg gehen wollten (V. 22). Gegen diese ungläubig Gewordenen richtet sich V. 34: »Denen, die ungläubig sind und (ihre Mitmenschen) vom Wege Gottes (dem Heiligen Krieg) abhalten und hierauf als Ungläubige sterben, wird Gott nicht vergeben.«

In einer ähnlichen Situation wurde 4,168-169 geoffenbart. Die Kriege gegen die Mekkaner sind noch nicht entschieden und islamische Medinenser ziehen sich vom Krieg zurück (4,167). Gegen sie richten sich die Worte: »Denen, die ungläubig sind und Unrecht tun, kann Gott nicht vergeben und auch nicht auf einen rechten Weg führen. Vielmehr auf dem Weg zur Hölle, damit sie ewig darin weilen. Dies ist für Gott ein leichtes« (4,168-169).

Die 9. Sure datiert aus der Zeit, nachdem Muhammad Mekka

erobert hatte (630) und dem Sieg des Islam nichts mehr im Wege stand. Jetzt ist das Verhältnis zu den Ungläubigen endgültig festgelegt. Bemerkenswert ist die Tatsache, daß in V. 80 Anklänge an einen neutestamentlichen Vers vorliegen, aber gerade in der entgegengesetzten Bedeutung. In Matthäus 18,21-22 ist zu lesen: »Petrus fragte: Herr, wie oft muß ich denn meinem Bruder, der an mir sündigt, vergeben? Genügt es siebenmal? Jesus sagte: Ich sage dir: nicht siebenmal, sondern siebzig mal siebenmal.« Der Koran aber sagt: »Du magst (Gott) um Vergebung für sie bitten oder nicht. Auch wenn du siebzigmal um Vergebung für sie bittest, Gott wird ihnen nicht vergeben, weil sie an Gott und an seinen Gesandten (Muhammad) nicht glauben. Gott leitet das Volk der Frevler nicht recht« (9,80). Das Kriterium für das Nicht-Vergeben ist hier nicht – wie im NT – die Sünde gegen den Heiligen Geist (Mt 12,31), sondern der Unglaube gegen Gott und den Propheten des Islam.

Zwischen diesen beiden Möglichkeiten von Menschen, die glauben oder nicht glauben, nennt der Koran eine Gruppe von Personen, die auf Vergebung hoffen dürfen. Aufgrund ihrer Frömmigkeit und guten Werke haben sie in gewissem Sinne Gottes Vergebung verdient. Wie im Falle des Glaubens kommt jedoch auch hier zum Ausdruck, daß der Mensch eine Vorbedingung erfüllen muß, die zur Vergebung führt. In einer Zeit, in der sich der Islam in Medina und Teilen Arabiens bereits gefestigt hatte, kann Muhammad die Kriterien bestimmen: Es müssen Männer und Frauen sein, die gläubig sind, die Gott demütig ergeben, wahrhaftig, geduldig und bescheiden sind. Sie geben Almosen, fasten und achten darauf, daß ihre Scham bedeckt ist. Gottes gedenken sie ohne Unterlaß. »Für sie hat Gott Vergebung und gewaltigen Lohn bereit« (33,35 – aus dem Jahre 627).

Die Tatsache, daß der Koran hier den Lohn nennt, weist darauf hin, daß die Vergebung ein Verdienst ist. Denselben Verdienst erwerben alle, die im Heiligen Krieg kämpfen und getötet werden. Die 3. Sure wurde in den Jahren 2 und 3 nach dem Sieg bei Badr, mitten in der Zeit der kriegerischen Auseinandersetzungen mit den Mekkanern, geoffenbart. In 3,157 heißt es: »Und wenn ihr getötet werdet auf dem Wege Gottes *(fī sabīl Allāh)* oder sterbet, so ist Vergebung und Barmherzigkeit von Gott besser als das, was man (im Diesseits an Geld und Gut) zusammenbringt.«

Aus der Geschichte Israels nimmt Muhammad eine weitere Vorbedingung für das Erlangen der Vergebung. Ohne die Namen zu nennen, bezieht sich der Koran auf die Geschichte von David und Batseba und auf die Rede Nathans vor David (2Sam 11 und 12). Während Nathan in seinem Gleichnis von »sehr vielen Schafen und Rindern« des reichen Mannes spricht (2Sam 12,2), sagt der Koran: »Der da, mein Bruder, hat neunundneunzig Schafe. Ich habe ein einziges Schaf« (38,23 – 2. mekkanische Periode). Hier zeigt sich, wie in der ersten Zeit des Prophetenamtes Muhammad über die biblische Geschichte nicht gut genug Bescheid wußte. Das Gleichnis von den neunundneunzig Schafen und von dem einen Schaf stammt aus Lukas 15,3-4. Ohne weiter auf die Situation Davids einzugehen, fährt der Koran unvermittelt fort: »Und David meinte, wir hätten ihn einer Prüfung unterworfen. Da bat er seinen Herrn um Vergebung, fiel nieder, indem er sich verneigte, und tat Buße. Und wir vergaben ihm dies« (38,24-25). Ähnliches erzählt der Koran über Mose, nachdem dieser den Ägypter getötet hatte (2 Mose 2,13-14). Die Sure 28 stammt aus der 3. mekkanischen Periode, in der Muhammad die biblische Geschichte in groben Zügen nacherzählte. Nach dem Mord an dem Ägypter sagte Mose: »Herr! Ich habe gegen mich selber gefrevelt. Vergib mir! Da vergab er ihm. Er ist es, der barmherzig ist und bereit zu vergeben« (28,16).

Weit mehr als über die Vergebung spricht der Koran von Gottes Gerechtigkeit. Wie die Vergebung durchzieht auch die Botschaft von der Gerechtigkeit Gottes alle Perioden der koranischen Offenbarung, und zwar in einem solchen Umfang, daß beinahe jeder dritte Vers auf irgendeine Weise über die göttliche Gerechtigkeit spricht. Dieser Wichtigkeit entsprechend wird die Lehre von der Vergebung der der Gerechtigkeit untergeordnet. Aus der 1. mekkanischen Periode stammt die Sure 74. Ihr Hauptthema ist das Letzte Gericht (V. 8-10) und die guten Werke in Aussicht auf das Paradies. Im letzten Teil dieser Sure ist die Rede von Annahme oder Verwerfung der koranischen Verkündigung. »Aber sie denken nicht daran (an die Mahnung des Korans), es sei denn, Gott will es. Ihm steht es zu, daß man ihn fürchtet. Und ihm steht es zu, zu vergeben“ (V. 56).

Die Sure 40 stammt aus der 3. mekkanischen Periode. In Zusammenhang mit der Offenbarung des Korans greifen Vergebung und gerechte Strafe ineinander, ohne daß über ein Kriterium oder einen Maßstab eine Andeutung gemacht wird. Beide – Vergebung und gerechte Strafe – liegen in Gottes Macht. »Der Vergeber der Schuld und der Empfänger der Buße, gewaltig in der Bestrafung und weitreichend in Macht« (V. 3).

Aus Medina stammt die Sure 57. Sie erinnert an den Sieg bei Badr und die Enttäuschung über die fast verlorene Schlacht bei Uhud (V. 23). Vielleicht haben sich einige Muslime deswegen vom Islam abgewandt und ihr Heil im normalen Leben gesucht. Ihnen wird nun vorgehalten, daß das diesseitige Leben nur Spiel, Zerstreuung und Flitter ist. Sie sollen lieber auf das Jenseits achten. »Im Jenseits gibt es eine schwere Strafe; für die Gläubigen aber auch Vergebung von Gott und Wohlgefallen« (V. 20).

Die Gerechtigkeit gebietet, daß die Vergebung für die Gläubigen, die Strafe für die Frevler ist. Aber diese Gerechtigkeit kann sich auch in der Vergeltung von Gut und Böse äußern, ohne daß die Vergebung angesprochen wird. Diese Lehre von der Gerechtigkeit wurde schon in der 1. mekkanischen Periode vorgetragen. In 53,31 heißt es: »Gott gehört alles, was im Himmel und auf Erden ist, damit er denen, die Böses tun, für das vergelten kann, was sie getan haben, und denen, die Gutes tun, mit dem Besten.« Auch in der medinischen Periode kann die vergeltende Gerechtigkeit mit oder ohne die Vergebung erwähnt werden. Der Vers 33,73, wahrscheinlich aus dem Jahre 627, wird in 48,6, ein Jahr vor der Eroberung Mekkas, wiederholt. Muhammad hatte zu dieser Zeit seine Macht in Arabien größtenteils gefestigt. So ist er imstande, den Heuchlern und Ungläubigen, Männern und Frauen, die Bestrafung Gottes anzudrohen, während er den Gläubigen Gottes Gnade verspricht. In 33,73 folgt dann der Kehrreim: »Gott ist vergebend und barmherzig.«

In 48,6 werden Heuchler und Götzendiener verflucht; ihnen wird ein schlimmes Ende in der Hölle vorausgesagt. Die Gläubigen werden nicht erwähnt. In diesem Vers wird auch die Vergebung nicht genannt, die strafende Gerechtigkeit funktioniert ohne sie.

Aus einer früheren Zeit datiert Sure 3 (624-625). In den Versen 31-32 kommt sowohl die Trennung von Gehorsamen und Ungehorsamen wie auch die Vergebung vor, aber sie scheint nur den Gehorsamen vorbehalten zu sein. In Vers 31 heißt es noch: »Sag! Wenn ihr Gott liebt, dann folgt mir (Muhammad), damit auch

Gott euch liebt und euch eure Schuld vergibt. Gott ist barmherzig und bereit zu vergeben.« Anders lautet der folgende Vers: »Sag! Gehorcht Gott und dem Gesandten (Muhammad)! Wenn ihr euch abwendet, Gott liebt die Ungläubigen nicht.« In diesem Vers fehlt wiederum die Vergebung, und die Gerechtigkeit hat das letzte Wort.

Aus den zitierten Texten geht hervor, daß die Vergebung von der Gerechtigkeit, mit der Gott die Guten belohnt und die Bösen bestraft, überschattet wird. Neben dieser Gerechtigkeit spielt die Vergebung nur eine untergeordnete Rolle. Sie ist für diejenigen bestimmt, die Gott in seiner Gerechtigkeit wenigstens nicht bestrafen will. Die Vergebung ist an Vorbedingungen geknüpft, die der Gläubige zu erfüllen hat, damit sie überhaupt wirksam werden kann. Es hat den Anschein, als ob das Funktionieren der Vergebung auch von menschlicher Empfänglichkeit abhängig wäre. Aber dies ist nur in eingeschränktem Maße der Fall. Grundlegend und entscheidend bleibt, daß die Vergebung in letzter Instanz der absoluten Allmacht Allahs untergeordnet ist.

Nachdem die Schlacht bei Uhud für den Islam nicht so günstig verlaufen war wie die von Badr, erhob sich die Frage nach den Schuldigen. Die Schuld lag teilweise bei denen, die nicht mitgemacht hatten oder ungläubig waren. Nicht Muhammad, sondern Gott hat die Entscheidung über die Vergebung. »Dir (Muhammad) steht nichts von der Angelegenheit (zur Entscheidung) zu – oder um sich ihnen (gnädig) wieder zuzuwenden, oder (aber) sie zu bestrafen. Sie sind Frevler. Gott gehört, was im Himmel und auf Erden ist. Er vergibt, wem er will, und er bestraft, wen er will. Gott ist barmherzig und bereit zu vergeben« (3,128-129). Der Schwerpunkt liegt also auf Gottes Allmacht und seinem Willen. Beide greifen ineinander und sind sogar für Muhammad unzugänglich.

Diese Tatsache, daß der Wille zu vergeben oder nicht zu vergeben, völlig der Allmacht Gottes überlassen ist, bezeugt auch Sure 2,284: »Gott gehört, was im Himmel und auf Erden ist. Ihr mögt, was in euch ist, kundtun oder geheimhalten, Gott rechnet mit euch darüber ab. Er vergibt, wem er will, und bestraft, wen er will. Gott hat zu allem die Macht.«

Nachdem der Plan, Mekka militärisch zu erobern, gescheitert war und Muhammad den Vertrag von al-Hudaibiya unterschrieben hatte, der es den Muslimen erlaubte, ein Jahr später die Pilgerfahrt nach Mekka machen zu dürfen, hatten schon einige Beduinen sich vom Islam zurückgezogen. In Muhammads Antwort darauf greifen beide Aspekte der Vergebung ineinander: »Wer nicht an Gott und seinen Gesandten glaubt ..., für die Ungläubigen haben wir den Höllenbrand bereit. Gott hat die Herrschaft über Himmel und Erde. Er vergibt, wem er will, und er bestraft, wen er will. Gott ist vergebend und barmherzig« (48,13-14).

Aus diesem Grund muß der Koran verneinen, daß Juden und Christen der Vergebung Gottes teilhaftig geworden sind. Die 5. Sure gehört zu den letzten, die Muhammad geoffenbart wurden, als er auf dem Höhepunkt seiner Macht stand. Aus dieser Machtposition kann er Juden und Christen hinsichtlich ihrer Lehre von der Vergebung angreifen. »Und die Juden und die Christen sagen: ,Wir sind Gottes Söhne und seine Geliebten'. Antworte! ,Warum bestraft er euch dann für eure Schuld?! Nein! Ihr seid Menschen, die er geschaffen hat. Er vergibt, wem er will, und bestraft, wen er will. Gott hat die Herrschaft über Himmel und Erde und was dazwischen ist. Bei ihm wird es enden'« (5,18).

Gottes Vergebung im Koran hat drei Komponenten: zuerst die von Menschen zu erfüllenden Vorbedingungen; zum anderen ist die Vergebung der Gerechtigkeit Gottes untergeordnet, und zum dritten sind alle Aspekte der Allmacht und dem Willen Gottes unterworfen. In diese Allmacht und diesen Willen hat niemand einen Einblick, sogar der Prophet Muhammad nicht.

Über den Zusammenhang von Vergebung und Liebe spricht der Koran nicht, es sei denn, daß Gott die Ungläubigen nicht liebt (3,31-32). Deswegen werden Juden und Christen im Koran angegriffen, weil sie sich auf die Liebe Gottes berufen haben (5,18 – *ahibbā 'uhu)*. Vergleicht man Bibel und Koran zum Thema Vergebung, so wird sie eindeutig unter anderen Vorzeichen dargestellt. Völlig fehlt zudem die Verkündigung des Paulus: »Gott aber hat seine Liebe zu uns darin erwiesen, daß Christus für uns gestorben ist, als wir noch Sünder waren« (Röm 5,8).

Aufgrund dieser Tatsache muß jetzt über die Versöhnung gesprochen werden.

# IV. Die Versöhnung

Der Koran kennt die Lehre von Versöhnung oder Sühne, wie sie die Bibel beschreibt, nicht. Er kennt jedoch einige Stellen, die von einer Versöhnung zwischen Eheleuten sprechen. Ein Schiedsrichter soll dafür sorgen, daß beide Ehepartner sich aussöhnen (4,35 – *yuwaffiqi*). Wenn es zwischen Eheleuten zu Schwierigkeiten kommt, sollen sie sich friedlich einigen (4,128 – *yusulihā*). Wenn Gläubige einander bekämpfen, soll Friede zwischen ihnen gestiftet werden (49,9-10 – *aslihū*).

Auch in griechischen Eheurkunden ist bei Trennung der Eheleute eine Versöhnung vorgesehen. Davon weiß auch Paulus: Wenn eine Frau sich von ihrem Mann trennt, bleibe sie unverheiratet oder versöhne sich wieder mit dem Mann (1 Kor 7,11).

Der Koran hat sich diesem Brauch angeschlossen. Aber der unterschiedliche arabische Wortgebrauch zeigt, daß von einer theologischen Lehre der Versöhnung zwischen Gott und Mensch nicht die Rede sein kann. Diese Tatsache hat zwei wichtige Ursachen: eine inhaltliche und eine zeitliche, die ineinander greifen.

## 1. Der biblische Inhalt der Versöhnung (Sühne)

Weil Sühne mit Sünde und Schuld in einem engen Zusammenhang steht, bestimmt im AT das Wesen der Sünde auch das Wesen der Sühne, denn Sünde und Schuld müssen gesühnt werden. Im AT ist Sünde die Verletzung der von Gott gegebenen Lebensordnung. Sie zerstört die Gemeinschaft der Menschen untereinander und mit Gott. Die Sünde entwickelt eine Dynamik in dem Sinne, daß die böse Tat einen bösen Lauf in Gang setzt. Gott bestraft die Sünde durch weitere Sünden, die der Mensch begeht. Durch diesen sündigen Verlauf kann schließlich das Leben schlechthin vernichtet werden, was die Paradiesgeschichte dadurch zum Ausdruck bringt, daß die Ursünde den Tod zur Folge hat (1 Mose 3,19).

Grundsätzlich muß also die Sühne das Leben vom Tode erretten. Dies ist die Hauptbedeutung der hebräischen Wurzel *kaphar:* Sühne für Leben. Blutschuld zum Tod wird durch stellvertretenden Ersatz (Substitution) von Menschenleben (1 Sam 21,3; 5 Mose 32,43; 2 Mose 32,30) oder Tierleben (5 Mose 21,8) gesühnt. Wenn Gott nicht Sühne schafft oder gewährt, muß der schuldige Mensch sterben (Jes 22,14); wenn Gott sühnt, bleibt der Sünder am Leben (Ps 78,38).

Schon in ältester Zeit berichtet das Alte Testament, daß schwere Sünden nur durch die Darbringung von Opfern gesühnt werden können (1 Sam 3,14). Bezeichnend heißt es 4 Mose 35,33, wo die Annahme von Sühne – *kopher* – für das Leben des Mörders mit der bedeutsamen Begründung untersagt wird: »Ihr dürft nicht das Land entweihen, in welchem ihr wohnt. Denn Blut entweiht das Land, das in ihm vergossen ist, außer durch das Blut dessen, der es vergossen hat.« Hier wird mit aller Deutlichkeit ausgesprochen: Für vergossenes Blut kann nur durch Blut – durch die Lebenshingabe des Schuldigen – Sühne geschaffen werden.

Das Blut hat im AT die besondere Bedeutung, Träger des Lebens zu sein (1 Mose 9,4 und 6). Deshalb verbietet das AT auch, Blut zu genießen. 3 Mose 17,10 nimmt dieses Verbot nochmals auf und begründet damit das Sühneopfer: »denn das Leben *(nephesh)* des Leibes ist im Blut, und ich habe es euch gegeben für den Altar, um Sühne zu schaffen für eure Seelen. Denn das Blut schafft Sühne durch das Leben *(nephesh),* das darin ist« (V. 11). Das Gott auf dem Altar dargebrachte Blut schafft Sühne, und zwar hat das dargebrachte Blut diese Wirkung dadurch, daß in ihm die *nephesh,* d.h. die Seele oder das Leben, ist. Die Sühnewirkung liegt also nicht im Blut als solchem, sondern im Leben, dessen Träger das Blut ist. Denn die den Tod wirkende Kraft der Sünde muß durch die sühnende Kraft des Lebens aufgehoben werden.

Sühne geschieht meist durch den stellvertretenden Tod eines Tieres in der Darbringung als Opfer im Tempel. Wichtig hierbei ist, daß Gott aufgerufen wird, selbst die Sühne zu vollziehen. Gott *bewirkt* die Sühne, Israel *empfängt* die Sühne. Gott ist der Sühne Schaffende, indem er den Unheilsbann von der belasteten Gemeinschaft abwendet. Gottes Handeln wird darin sichtbar, daß er das für die Menschen verbotene Blut für den Altar freigibt. Die Darbringung des Sühneopfers ist somit die Gestaltung der von

Gott geschaffenen Sühne. Die Nutznießer der Sühne sind die Menschen.

Höhepunkt im Tempelkult Israels war das Ritual des Großen Versöhnungstages (3 Mose 16). Aaron soll für sich und sein Haus Sühne schaffen (V. 6.11.17) und für die ganze Gemeinde Israels (V. 5.17). Zugleich soll Aaron Sühne vollziehen für das innere Heiligtum des Tempels, und zwar »von den Unreinheiten der Israeliten und von ihren Vergehen hinsichtlich all ihrer Sünden« (V. 16), und für den Altar. Instrument der Sühne ist das Blut. Das Sündopferblut wird, während es sonst nur außerhalb des Allerheiligsten gesprengt wurde, hinter dem Vorhang im Allerheiligsten auf die (Sühn)Deckplatte (Kapporeth) gesprengt und siebenmal vor die Kapporeth hin (V. 14-16). Den Sinn des Geschehens erhellt V. 30: »Denn an diesem Tag schafft man Sühne über euch *(yekapper 'alekhem)*, um euch zu reinigen. Vor dem Herrn werdet ihr von allen euren Sünden *(hata)* wieder rein.« Gott hebt durch das Sühnegeschehen die zerstörende Unheilswirkung der menschlichen Sünde auf. Gott unterbricht den Sünde-Unheilszusammenhang dadurch, daß die Unheilswirkung des Bösen auf ein Tier abgeleitet wird, das stellvertretend für die Menschen stirbt. Sühne ist im AT also kein Strafakt, sondern Heilsgeschehen.

Von hier führt eine direkte Linie zum Heilsgeschehen in Jesus Christus. In Römer 3,25 heißt es: »Ihn (Christus) hat Gott dazu bestimmt, Sühne zu leisten *(hilastērion)* mit seinem Blut, Sühne, wirksam durch Glauben. So erweist Gott seine Gerechtigkeit durch die Vergebung der Sünden, die früher, in der Zeit der Geduld, begangen wurde.« Aus dem alttestamentlichen Sühneritual kommt der Begriff: Sühne schaffen *(hilastērion)* durch das Blut zur Vergebung der Sünden. *Hilastērion* ist die Kapporeth, die Sühne für die Sünden der Menschen schafft. Diejenigen, die Sühne empfangen, sind die Glaubenden, aber der Sühne für sie schafft, ist Jesus in seinem Kreuzopfer. Mit seinem Blut ist er für die Glaubenden das *hilastērion,* d.h. der für sie sühnend Gestorbene.

Am Großen Versöhnungstag hatte das Blut, das auf die Kapporeth (Sühne-Deckplatte) gesprengt wurde, die Vergebung aller Sünden bewirkt. Paulus hat – in dieser Tradition stehend – das Kreuzesopfer Jesu als die Vollendung der Kapporeth bezeichnet. Sühne wird nicht mit fremdem tierischen Blut vollzogen, sondern mit dem heiligen Blut des Gottessohnes (Röm 1,4), nicht im Dunkel des unzugänglichen Allerheiligsten, sondern öffentlich auf Golgatha. Die Vergebung der Sünden ist im Sühneopfer Christi am Kreuz zur höchsten, sichtbaren Wirklichkeit geworden, eine Wirklichkeit, die Gott selbst in Christus vollzogen hat. Es ist die Offenbarung seiner Gnade und seines Gerichts. Die Funktion des Tieres, das wegen der Sünden der Menschen sterben mußte, übernimmt nun Christus, der am Kreuz stellvertretend das Gericht über die sündige Menschheit getragen hat. Aber diese Stellvertretung ist auch Gnade, weil dieses Sühneopfer wirklich von der Sünde befreit.

Römer 3,25 ist nur ein Aspekt der Versöhnungslehre des Paulus. Neben den vielen Andeutungen bringen die Abschnitte Römer 5,6-10 und 2 Korinther 5,17-19 die bedeutendsten Aussagen. In beiden Abschnitten ist das Kernwort *Versöhnung (katallagē)* und *versöhnen (katallassō)*. *Katallassō* hat die allgemeine Bedeutung: Umwandeln *(allos)*, von dort die Erneuerung des Zustandes zwischen Gott und den Menschen, indem Gott zwischen beiden Versöhnung stiftet und damit die Erneuerung des Menschen selbst. Bei Paulus bedeutet *katallagē* – Versöhnung – die totale Veränderung des Verhältnisses zwischen Gott und Mensch.

Alle diese Komponenten treten in Römer 5,6-10 zutage. Grundlegend ist, daß die Versöhnung bzw. Sühne vollständig durch Gottes Liebe bewerkstelligt worden ist, ohne Zutun des Menschen. Dies war menschlicherseits nicht möglich, weil die Menschen eben gottlos, Feinde Gottes und zu schwach waren, seine Gebote zu halten. Die Versöhnung ist geschehen durch den Opfertod Jesu, durch das Blut Christi, ohne eine Vorleistung menschlicherseits, denn: »Gott hat seine Liebe zu uns darin erwiesen, daß Christus für uns gestorben ist, als wir noch Sünder waren« (5,8). Gott handelt hier in Christus, Christus ist der Mittler, die Sünder sind die Geretteten.

Dies betont auch 2 Korinther 5,17-19. Hier ist der Schwerpunkt: Wer »in Christus« ist, der ist eine »neue Schöpfung«, weil Gott in Christus die Welt mit sich versöhnt hat. Inhalt der Versöhnung ist, daß »Gott den Menschen ihre Verfehlungen nicht anrechnete« (5,19). Der Opfertod Christi geht alle Menschen an: »Denn die Liebe Christi drängt uns, da wir erkannt haben: Einer ist für alle gestorben ...« (5,14). Und diese »alle« sind die Gottlosen, die Feinde Gottes, kurz die sündige Welt.

## 2. Die Lehre von der Versöhnung und die Zeit Muhammads

Nachdem der Tempel in Jerusalem im Jahre 70 n. Chr. von den Römern zerstört worden war, waren auch die Voraussetzungen für das kultische Ritual am Großen Versöhnungstag entfallen. Die rabbinische Frömmigkeit und Theologie hat für diesen Tag nach neuen Wegen gesucht und dabei alles, was an diesem Tage gefeiert wurde, ohne die Sündopfer übernommen. Wichtig blieb die Vorschrift aus 3 Mose 16,29-30: »Am zehnten Tage des siebenten Monats sollt ihr fasten und keine Arbeit tun, denn an diesem Tag entsühnt man euch, um euch zu reinigen. Vor dem Herrn werdet ihr von allen euren Sünden wieder rein.« Dennoch hatten die Rabbinen den Grundsatz beibehalten: Keine Sühne außer durch Blut. Alles andere war nur Ersatz für den weggefallenen Kultus. Am Versöhnungstag ersetzten Fasten, Gebet und gute Werke den Tempelkultus.

Muhammad war im Jahre 622 unter schwierigen Umständen nach Medina ausgereist. Gegen seine Feinde in Mekka und die Zweifler in Medina suchte er die Hilfe der in Medina wohnenden Juden als seine monotheistischen Bundesgenossen. Durch drei Vorschriften versuchte er, den Islam an das Judentum anzupassen: a) er nahm die Juden in die Gemeindeordnung von Medina auf; b) er änderte die Gebetsrichtung nach Jerusalem; und als er sah, daß für die Juden das Fasten am 10. Tag des Monats der feierlichste Höhepunkt des ganzen Jahres war, verordnete er den Muslimen, c) mit den Juden diesen Tag durch Fasten zu feiern.

Die Begründung finden wir in Sure 2,183: »Ihr Gläubigen! Euch ist vorgeschrieben zu fasten, so wie es auch denjenigen, die vor euch lebten, vorgeschrieben worden ist« (Vgl. Johan Bouman: Der Koran und die Juden, S. 60ff).

Aber von dem Wesentlichsten, nämlich dem Sühneopfer im Tempel, das hinter dem jüdischen Fasten stand, wußte Muhammad nichts. Ihm blieb – trotz Übernahme des jüdischen Fastens – das Wesen der Versöhnung und der Sühne verborgen. Nach dem Sieg bei Badr brauchte er schließlich die Hilfe der Juden nicht mehr und hat völlig mit ihnen gebrochen.

Aus mehreren Gründen konnte die Lehre von der Versöhnung nicht in den Islam übernommen werden:

1) Der vollständige Bruch mit den Juden in Medina.

2) Mit dem Evangelium wurde Muhammad relativ spät bekannt. So wird über Jesus nur in 15 der insgesamt 114 Suren (in 93 Versen) gesprochen; meistens erst in der Spätzeit in Medina.

3) Es gibt im Koran keine genauen Anhaltspunkte dafür, daß Muhammad die Briefe des Apostels Paulus kannte. Die paulinische Lehre von der Versöhnung durch Christus hat Muhammad jedenfalls nicht gekannt.

4) Als Muhammad später die Botschaft Jesu besser kennenlernte, standen die Hauptlehren des Korans bereits so fest, daß Muhammad sie nicht mehr korrigieren konnte.

Der Koran vertritt einige wesentliche Lehrpunkte, die mit der im NT bezeugten Versöhnung nicht in Einklang gebracht werden können:

1) Über allen sonstigen muslimischen Glaubensaussagen steht die Hauptlehre der kompromißlosen Einzigkeit und absoluten Allmacht Allahs. Dies wurde bereits in Mekka in der wichtigen Sure 112 (*suratu'l-ikhlās* – Reinheit des Glaubens) formuliert: »Sag: Er ist Gott, der Einzige. Er ist der ewig Beständige. Er hat weder Kinder gezeugt, noch ist er erzeugt worden. Und nicht einer ist ihm gleich.« Diese Sure hat der Koran der christlichen Lehre von der Gottessohnschaft Jesu Christi und der Trinität entgegengestellt. Von vornherein – schon in Mekka – wurde damit die Möglichkeit einer Mittlerschaft und Stellvertretung Christi ausgeschlossen. Und nirgendwo nennt der Koran Gott einen Vater.

2) Der Gott des Korans vergibt zwar die Sünden. Die Vergebung ist jedoch ein Aspekt seiner Gerechtigkeit, welche die Guten belohnt und die Bösen bestraft.

3) In der Vergebung liebt Gott die Feinde nicht. »Sag: Gehorchet Gott und dem Gesandten. Wenn ihr euch abwendet, (seid ihr eben ungläubig). Gott liebt die Ungläubigen nicht« (3,32 medinische Periode). Und: »Diejenigen, die ihre Verpflichtung gegen Gott und ihre Eide verschachern ... Gott spricht am Tag der Auferstehung nicht zu ihnen und blickt sie nicht an, und läutert sie nicht (von ihren Sünden). Eine schmerzhafte Strafe haben sie zu erwar-

ten« (3,77). Eine solche Lehre konnte die Worte des Paulus aus Römer 5,6–10 nicht in den Koran aufnehmen.

4) Die Rolle und die Aufgabe der Propheten und Apostel hat der Koran genau festgelegt. Sie alle reden und handeln innerhalb eines vorgebenen Rahmens der Verkündigung. Eingeengt durch diesen Rahmen hat der Koran keinen Zugang zu der paulinischen Lehre, daß »Gott Christus, der keine Sünde kannte, für uns zur Sünde gemacht hat, damit wir in ihm Gerechtigkeit Gottes würden« (2 Kor 5,21). Diese Aussage ist die für das NT so wichtige Lehre der Stellvertretung, des *commercium,* des Tausches. Ihr Inhalt besagt, daß Christus das gerechte Gericht über die Sünder auf sich genommen hat, damit die Sünder durch dieses stellvertetende Sühneopfer durch den Glauben an Christus gerecht vor Gott werden.

Anders der Koran. Auch er redet von einem Gericht Gottes. Auch er verkündet, daß die Sünder nicht vor Gott bestehen können. Wenn aber das Gericht hereinbricht, spricht der Koran nicht von der Frohbotschaft der Stellvertretung. Im Gegenteil: Die Ungläubigen kommen im Gericht um, die Propheten werden aus der Katastrophe gerettet. In dieser Hinsicht folgt der Koran hauptsächlich den Beispielen aus dem AT. Diese haben im Koran die Struktur der sogenannten Straflegenden angenommen und werden in der zweiten und der dritten mekkanischen Periode erzählt. Es handelt sich um die Geschichte von Noah, von Lot, Abraham und Mose. Die Lehre dieser Geschichten ist, daß die Frevler, die sich nicht haben bekehren wollen, nach einer Frist in einem Strafgericht zugrundegehen, während die Propheten aus der Katastrophe gerettet werden. Über die Abrahamsgeschichte und ihre besondere Bedeutung wird im folgenden Kapitel noch zu reden sein.

Eine allgemeine Belehrung aus den alttestamentlichen Prophetengeschichten bringt der Koran in der dritten mekkanischen Periode, im Anschluß an die Geschichte von Josef. Es wird deutlich: Die meisten glauben nicht an Gott (12,106); deshalb straft Gott sie (12,107). Die Propheten haben den Unglauben ertragen müssen, aber: »Als dann die Gesandten die Hoffnung aufgaben und meinten, sie hätten (mit ihrer Verkündigung) gelogen, kam unsere Hilfe zu ihnen. Und dann wurde errettet, wen wir wollten. Aber vom Volk der Sünder wird unsere gewaltige Strafe nicht abgewandt« (12,110). In der Mitte steht die strafende und belohnende Gerechtigkeit, aufgehoben in den allmächtigen Willen Gottes. Diese

Struktur ist im Koran so verfestigt, daß ein Sühnopfer eines der Propheten völlig ausgeschlossen ist.

In der Periode in Medina wußte Muhammad, daß in Israel Propheten getötet wurden. »Wir haben den Bund mit den Kindern Israel entgegengenommen und Gesandte zu ihnen geschickt. Aber jedesmal, wenn ein Gesandter ihnen etwas überbrachte, was nicht nach ihrem Sinn war, erklärten sie ihn zum Lügner oder brachten ihn um« (5,70 – vgl. 2,87,181). Dieser Vers ist teilweise der schwierigen Lage Muhammads angepaßt – er wurde von seinen Feinden als Lügner gescholten (22,42; 38,4; 42,24) –, gibt aber den Juden die Schuld, nachdem der Bruch mit ihnen nach der Schlacht bei Badr vollzogen war. Auch hier ist die Denkstruktur so verfestigt, daß eine Stellvertretung nicht ins Blickfeld treten kann.

Eine Folgerung kann aus dem allen gezogen werden. Das Herzstück im Koran ist zwar die Botschaft von der Vergebung in Form der Gerechtigkeit Gottes, aber aufgehoben in den unerforschlichen Willen Gottes und seine Allmacht. Hiermit hat der Koran einen Teil der biblischen Botschaft – der Lage Muhammads angepaßt – übernommen. Aber von diesem Herzstück aus ist Muhammad seinen eigenen Weg gegangen, nicht zuletzt aufgrund der kriegerischen Auseinandersetzungen mit den Mekkanern, die eine Schwäche seinerseits zur Vernichtung des Islam ausgenützt hätten. Alle diese Umstände haben eine Übernahme der Botschaft vom Sühneopfer und von der Stellvertretung für Muhammad unmöglich gemacht. Deswegen hat der Gott des Korans einen anderen Charakter als der Gott der Bibel, trotz manchen aus der Bibel entnommenen Elementen. Der Gott Muhammads hat mit ihm für den Sieg des Islam gekämpft, der Gott Jesu Christi ist der Gott, der »die Welt mit sich selber versöhnte und rechnete den Menschen ihre Sünden nicht zu und hat unter uns aufgerichtet das Wort von der Versöhnung« (2 Kor 5,19).

Das Jesuswort aus Matthäus 26,53-54 war im Koran nicht möglich: »Oder glaubst du nicht, mein Vater würde mir sogleich mehr als zwölf Legionen Engel schicken, wenn ich ihn darum bitte? Wie würde dann aber die Schrift erfüllt, nach der es so geschehen muß?« Entgegen dem Gott der Versöhnung spricht der Gott Muhammads: »Als ihr euren Herrn um Hilfe (bei Badr) anriefet! Da erhörte er euch: Ich werde euch mit tausend Engeln unterstützen als Hintermänner« (8,9) und: »Als dein Herr den Engeln eingab:

Ich bin mit euch! Festigt diejenigen, die gläubig sind. Ich werde denjenigen, die ungläubig sind, Schrecken einjagen. Haut auf den Nacken und schlagt auf jeden Finger von ihnen!« (8,12). Der Koran kann für den Gott Jesu Christi kein Verständnis aufbringen, weil ihm die Versöhnung am Kreuz und die Stellvertretung fremd geblieben sind.

Es sind also zwei Ursachen, weswegen der Koran die Botschaft von der Versöhnung nicht übernommen hat:

1) Von den Juden in Medina kannte Muhammad nur die liturgischen Formen, die das Ritual des Großen Versöhnungstages ersetzt hatten. Zu einer tiefergehenden Kenntnis der christlichen Botschaft ist es erst in Medina gekommen.

2) Zu dieser Zeit hatte sich die Struktur der koranischen Botschaft so verfestigt, daß eine Korrektur nicht mehr möglich war. Die Gestaltung der Geschichte der alttestamentlichen Propheten ist dafür ein Beweis. Die Notwendigkeit, den Islam zunächst mit Waffengewalt verteidigen und später erweitern zu müssen, hat den Islam in eine Lage gebracht, die der neutestamentlichen Botschaft von Kreuz und Auferstehung fremd gegenüberstand.

## 3. Die Versöhnung und die Menschheit

Die Botschaft von Kreuz und Auferstehung hat im NT eine weltumspannende Bedeutung. Diese Universalität hat nicht erst mit Jesus angefangen: es ist die Universalität von Sünde und Gnade. Paulus veranschaulicht die Universalität der einen Menschheit in der Typologie »erster Adam« – »zweiter Adam« (Röm 5,12-21). Durch Adam kamen Sünde und Tod über die ganze Menschheit (5,14). Adam ist aber auch die Gestalt, die auf den Kommenden (auf Christus) hinweist. In Christus herrscht die Universalität der Gnade, die der Menschheit das Leben brachte (5,15).

Somit gibt es eine Universalität von Tod und Leben aus dem Tod. »Denn wie in Adam alle *(pantes)* sterben, so werden in Christus alle *(pantes)* lebendig gemacht werden« (1 Kor 15,22). Dies führt zu der Universalität des sterblichen Leibes Adams und des unsterblichen geistlichen Auferstehungsleibes nach dem Vorbild

Christi. »Wie wir nach dem Bild des Irdischen (Adam) gestaltet wurden, so werden wir auch nach dem Bild des Himmlischen (Christus) gestaltet werden.« Diese universelle Erneuerung aus Sünde und Tod ist erst durch die Versöhnung möglich geworden. »Denn Gott wollte mit seiner ganzen Fülle in ihm (Christus) wohnen, um durch ihn alles zu versöhnen« (Kol 1,20). Letzten Endes ist es die Liebe Gottes, die dieses Heilsgeschehen vollbracht hat. »Denn Gott hat die Welt so sehr geliebt, daß er seinen einzigen Sohn hingab, damit jeder, der an ihn glaubt, nicht zugrunde geht, sondern das ewige Leben hat« (Joh 3,16).

Von großer Wichtigkeit ist, die Perspektive der einzelnen Begriffe zu durchschauen. Grundlegend und entscheidend ist die Liebe Gottes, die alles vollbracht hat. Untergeordnet ist der Glaube, als die notwendige Antwort menschlicherseits. Heilschaffend ist die Liebe Gottes, nicht der Glaube des Menschen. Auch der Koran spricht viel über die positive Bedeutung des Glaubens, aber die Akzente liegen hier anders.

Weil die Versöhnung fehlt, ist im Koran die Universalität der Menschheit dreigeteilt:

1) Ganz oben steht die islamische Gemeinde *(umma)*. Sie hat eine Daseinsberechtigung, die sich aus der Vergangenheit über die Gegenwart in alle Zukunft erstreckt. Diese Lehre ist nicht spät entstanden. Die 3. Sure stammt aus der Zeit nach dem Sieg bei Badr und dem Bruch mit den Juden. In dieser Situation wurde V. 110 geoffenbart: »Ihr seid geworden die beste Gemeinde *(umma)*, die unter den Menschen entstanden ist. Ihr gebietet, was recht ist, und verbietet, was verwerflich ist, und glaubt an Gott. Wenn die Leute der Schrift (Juden und Christen) glauben würden, wäre es besser für sie. Es gibt Gläubige unter ihnen. Aber die meisten von ihnen sind Frevler.« Die beiden Schwerpunkte sind Glaube und gute Werke. Hier hat aber der Glaube einen anderen Stellenwert als in Johannes 3,16. Statt eingebettet zu sein in der versöhnenden Liebe Gottes, ist der Glaube eine heilbringende Tat der Menschen. Und mit dem Maßstab des Islam beurteilt Sure 3,110 Juden und Christen. Sie bilden die zweite Kategorie der Menschheit.

2) Die Schriftbesitzer *(ahl al-kitāb)* haben eine Daseinsberechtigung aus der Vergangenheit. Ein großer Teil der im Koran genann-

ten Propheten stammt aus der Bibel, z. B. Adam, Noah, Abraham, Mose und Jesus. Von Mose erzählt der Koran, er habe die Heilige Schrift (die Tora) empfangen und Jesus das Evangelium. Am Ende der mekkanischen Periode oder am Anfang in Medina wurde der wichtige Vers 29,46 geoffenbart: »Und streitet mit den Leuten der Schrift nie anders als auf eine möglichst gute Art – mit Ausnahme derer von ihnen, die Frevler sind. Und sagt: ‚Wir glauben an das, was (als Offenbarung) zu uns, und was zu euch herabgesandt worden ist. Unser und euer Gott ist einer. Ihm sind wir ergeben (muslim).« Der Koran bestätigt also, daß den Schriftbesitzern bereits vor Muhammad die Heilige Schrift gegeben worden ist (74,31; 98,4; 13,36; 57,16; 11,94).

Die Schriftbesitzer (Juden und Christen) haben aber nur eine beschränkte Daseinsberechtigung in der Gegenwart. Der Koran erwähnt auch die Uneinigkeiten und Streitereien zwischen ihnen und Muhammad. Als sie sich weigerten, den Islam anzunehmen, stellte Muhammad ihnen die Frage: »Ihr Leute der Schrift! Warum verdunkelt ihr die Wahrheit mit Lug und Trug und verheimlicht sie, während ihr doch (um sie) wißt?« (3,71 – medinische Periode). Diese Frage läßt Muhammads Überzeugung erkennen, daß die Wahrheit des Koran aus den Schriften von Juden und Christen ersichtlich ist. Den Bruch (in Medina) zwischen ihnen und dem Islam verdeutlicht der Koran: »Und wenn die Leute der Schrift glauben würden und gottesfürchtig wären, würden wir ihnen ihre schlechte Taten tilgen und sie in Gärten der Wonne eingehen lassen« (5,65).

Die beschränkte Daseinsberechtigung für die Schriftbesitzer hat das islamische Recht *(sharīʿa)* in dem *dhimma**-Vertrag des islamischen Staates festgelegt. Religiöse und familiäre Angelegenheiten können Juden und Christen selbst regeln; sie stehen unter dem Schutz des Staates. Es ist ihnen aber verboten, auf das politische Leben Einfluß zu nehmen. Sie sind zwar vom Staat geschützte Bürger, aber dennoch Bürger zweiter Klasse. Weil sie den Islam nicht angenommen haben, müssen sie durch die Zahlung einer Extra-Kopfsteuer büßen. Diese Maßnahme hat als Begründung 9,29: »Kämpft gegen diejenigen, die nicht an Gott und den Jüngsten Tag glauben und nicht verbieten, was Gott und sein Gesandter verboten haben und nicht der wahren Religion (Islam) angehören – von denen, die die Schrift erhalten haben – bis sie in Erniedrigung aus der Hand die Kopfsteuer entrichten.«

Aus dieser zwiespältigen Lage geht hervor, daß die Schriftbesitzer keine Daseinsberechtigung für die Zukunft haben. Die 9. Sure wurde in Mekka nach der Eroberung der Stadt durch die Muslime im Jahr 630 geoffenbart. In jenem Jahre stand Muhammad auf dem Höhepunkt seiner Macht – mit der Folge, daß er nicht nur die materielle, sondern auch die geistige Hilfe der Juden und Christen für den Islam nicht mehr brauchte. Deren Religion war vom Islam überboten worden und hatte nach dessen machtvoller Entfaltung keine Zukunft mehr. Von dorther sind die Aussagen aus Sure 9,30 zu verstehen: »Die Juden sagen: 'Uzair (d.h. Esra) ist der Sohn Gottes. Und die Christen sagen: der Messias ist der Sohn Gottes. So etwas wagen sie offen auszusprechen. Sie tun es denen gleich, die schon früher ungläubig waren. Gott möge sie bekämpfen *(qātalahum)*. Wie sehr sind sie in Lügen gefangen.«

Den Sieg des Islam und den Untergang der anderen Religionen verkündet 9,33: »Er ist es, der seinen Gesandten mit der Rechtleitung und der wahren Religion *(dīn al-haqq)* geschickt hat, um ihr zum Sieg zu verhelfen über alle anderen Religionen, auch wenn es denen, die Gott andere Götter beigesellen, zuwider ist.« Nach 9,30 gehören auch die Juden und Christen dazu, weil sie Gott 'Uzair und Jesus hinzugefügt haben. (Mir ist übrigens keine Stelle in der jüdischen Tradition bekannt, die Esra als Sohn Gottes benannt hat).

Damit stehen Juden und Christen auf der Grenze zur dritten Kategorie der Menschheit.

3) Ungläubige und Götzendiener haben keine Existenzberechtigung – weder in der Vergangenheit und Gegenwart, noch in der Zukunft. Der Koran kündigt ihnen durchgehend den Kampf an. Ungläubige und Götzendiener stehen außerhalb der Vergebung: »Denen, die ungläubig sind und freveln, Gott wird ihnen nicht vergeben und er führt sie nicht auf einen rechten Weg« (4,168). Nicht nur, daß sie keine Vergebung erhalten, ihre Bestrafung ist vielmehr gewiß: »Immer wird diejenigen, die ungläubig sind, für das, was sie getan haben, eine Katastrophe treffen oder nahe ihrer Behausung stattfinden, so daß das Versprechen Gottes in Erfüllung geht. Gott bricht nicht, was er versprochen hat« (13,31). Diese Katastrophe dehnt sich auch über das kommende Leben aus.

In Medina wurde offenbart: »Diejenigen aber, die ungläubig sind und unsere Zeichen für Lüge erklären, werden Insassen des Höllenbrandes sein« (5,10 = 5,86).

Es stellt sich noch die Frage, wie Muhammad die Vergebung praktiziert hat und ob darin vielleicht eine Versöhnung mit den Sündern oder mit der Welt (vgl. Joh 3,16) zu erkennen ist. Lange Zeit standen die arabischen Stämme von Mekka dem Islam und Muhammad feindselig gegenüber. Als es aber feststand, daß die Stadt nicht mehr gegen die Muslime zu verteidigen war, änderte sich die Stimmung, und man zeigte sich bereit, den Islam anzunehmen. Gab es nun bei der Einnahme Mekkas bei Muhammad Vergebung oder Versöhnung? Sein Biograph Ibn Ishāq schreibt hierüber: »Der Gesandte befahl seinen Kommandeuren, daß sie, wenn sie in Mekka eingezogen waren, nur diejenigen erschlagen sollten, die ihm noch widerstehen würden. Aber es gab eine Liste von solchen Personen, die auf jeden Fall getötet werden sollten, auch wenn sie Schutz im Heiligtum der Ka'ba suchen würden. Zu ihnen gehörte 'Abdullah b. Sa'd. Er mußte getötet werden, weil er ein Muslim war und die koranische Offenbarung niedergeschrieben, Fehler bei Muhammad bemerkt und darauf den Islam verlassen hatte und zu den Quraysh* in Mekka zurückgekehrt war. 'Abd b. Qusayy sollte getötet werden, weil er Muhammad in Mekka beleidigt hatte. Ebenso 'Abdullah b. Khatal, der den Islam verlassen hatte, mit zwei Sängerinnen, die satirische Verse gegen den Islam gesungen hatten« (Sirat rasūl Allāh ed. Wüstenfeld 818-819).

Ziehen wir eine Zwischenbilanz. In der Lehre von der Vergebung stimmt der Koran in manchen Aspekten mit der Bibel überein. Es bleibt der Unterschied, daß Vergebung im Koran letzten Endes unter der unerforschlichen Allmacht Gottes verborgen ist. Ferner hat der kompromißlose Hinweis auf die Einzigartigkeit Gottes im Koran verhindert, daß die biblische Lehre eines Mittlers und Stellvertreters in den Koran aufgenommen werden konnte. Zudem fehlt im Koran völlig eine Lehre von der Versöhnung. Das persönliche Beispiel Muhammads veranschaulicht die koranische Lehre: Feinde des Islam können nicht auf Vergebung und Versöhnung hoffen.

Aus dieser Sicht ist verständlich, wenn die neutestamentlichen Worte vom Abendmahl oder Aussagen wie Römer 5,8-10 und 2 Korinther 5,17ff nicht vom Islam aufgenommen werden können. Der Gott des Korans trägt ähnliche Züge wie der Gott der Bibel, wenn es um Vergebung und Umkehr geht, aber er ist nicht der Vater Jesu Christi. Diese Folgerung soll anhand von zwei Beispielen – Abraham im Koran und Jesus im Koran – erhärtet werden.

# V. Abraham im Koran

Es gibt mehere Gründe, die Darstellung Abrahams im Koran als Schulbeispiel für das Verhältnis des Islam gegenüber Judentum und Christentum zu wählen. Einige dieser Gründe gehen unmittelbar aus dem Koran selbst hervor. So hat Muhammad seine eigene Situation und Verkündigung am besten in dem ihm zugänglichen Vorbild Abrahams sehen wollen. Aus dem, was er von den Juden über Abraham gehört hatte, zog er die Folgerung, daß Abraham schon lange vor ihm die reine monotheistische Religion gestiftet hatte. Nachdem Abraham mit Ismael nach Arabien gezogen war, gründete er in Mekka die Ka'ba*. Abraham wurde so der beispielhafte Muslim, was auch darin zum Ausdruck kommt, daß der Islam sich die Religion Abrahams nennt *(millat Ibrāhīm)*.

Es gibt aber auch Gründe außerhalb des Islam. In dem Dialog mit anderen Religionen hat man sich angewöhnt, von den drei »abrahamitischen Religionen« zu sprechen. Man geht davon aus, daß Judentum, Christentum und Islam in ihrem monotheistischen Glauben eine gemeinsame Basis haben. Aber bei einer näheren Betrachtung kommen am Beispiel Abrahams im Koran nicht nur die Gemeinsamkeiten, sondern auch tiefgehende Unterschiede zum Vorschein.

Abraham *(Ibrāhīm)* wird gemeinsam mit Mose im Koran am meisten genannt. Abraham kommt in 25 Suren vor, verteilt über alle Entstehungsperioden des Korans. In den sich auf ihn beziehenden Erzählungen ist eine allmähliche Entwicklung genau nachweisbar. Wird in der ersten mekkanischen Periode lediglich über »die früheren Blätter der Offenbarungsschrift« von Abraham und Mose gesprochen (87,18-19; 53,36), so nimmt die wachsende Bekanntschaft Muhammads mit Abraham solche Formen an, daß Abraham schließlich der Stifter der Ka'ba in Mekka und das Schulbeispiel für den islamischen Glauben wird. Aus unterschiedlichen jüdischen Quellen ist Muhammad mit Abrahams Geschichte bekannt geworden. Dabei gilt als zweiter wichtiger Faktor, inwieweit Muhammad das überkommene Abrahambild hat neu interpretieren müssen, um ihn für seine eigenen Bedürfnisse und die Grundlehren des Islam brauchbar zu machen. Dieser Prozeß läuft fast völlig mit der Entstehung des Korans im ganzen und damit in den Grundlagen des Islam parallel und bietet deshalb eine erhellende Perspektive auf die Gottesvorstellung in Bibel und Koran, auf ihre Gemeinsamkeiten und Unterschiede.

In der zweiten mekkanischen Periode bekommen die Abrahamserzählungen allmählich ihre Gestalt. Die 19. Sure erzählt kurz die Geschichten von Zacharias, Maria, Jesus und Abraham. Die Geschichte Abrahams paßt genau in die damals schwierige Lage Muhammads in Mekka. Wie Muhammad kämpft auch Abraham gegen den Götzendienst und ist deswegen ein treuer Prophet. Deswegen streitet Abraham auch mit seinem Vater: »O mein Vater! Warum verehrst du etwas, das weder hört noch sieht noch dir etwas hilft?« (19,41). Wenn der Vater Abraham gehorcht, wird er ihn führen auf einem ebenen Weg. Aber: »Vater! Ich fürchte, daß du vom Barmherzigen eine Strafe erleiden und daraufhin ein Freund des Satans werden wirst« (19,45). Der Vater Abrahams will es nicht dulden, daß Abraham sich von den althergebrachten Göttern trennt, und droht, ihn zu steinigen (19,46). Die Auseinandersetzung führt schließlich dahin, daß Abraham sich von seinem Vater trennt (19,48). Auch Muhammad weiß, daß er in den Fußstapfen Abrahams geht und auf den rechten Weg durch die Barmherzigkeit des Gottes Abrahams geleitet wird.

Diese Erzählung kommt ausführlich auch in der jüdischen Tradition vor. Im Jubiläenbuch – ein haggadisch, halachitischer Midrasch*, eine Erklärung von 1 Mose 1 bis 2 Mose 12 (12ff, Kautsch II, S. 61f) – sagt Abraham zu seinem Vater: »Was für Hilfe und Vorteil kommt uns von diesen Götzen, die du verehrst und vor denen du niederfällst? Denn in ihnen ist kein Geist, sondern sie sind stumm!“ Der Vater antwortet, daß er dies weiß, aber er kann seinem Volk die Wahrheit nicht sagen, aus Angst, getötet zu werden.

Eine ähnliche Diskussion bringt auch die Apokalypse Abrahams (ed. Bonwetsch, S. 14): »Höre, mein Vater Terah, gesegnet sind die Götter von dir, denn du bist ihnen Gott, da du sie gemacht hast; denn ihr Segen ist Verderben, und ihre Hilfe ist eitel: welche sich selbst nicht helfen, wie werden sie dir helfen oder mich segnen? Und als der Vater mein Wort hörte, erzürnte er mit Zorn über mich, da ich harte Worte gegen seinen Gott gesprochen hatte.« Mit diesen haggadisch-halachitischen Erzählungen wollte die jüdische und christliche Tradition erklären, weshalb von Gott das Gebot in 1 Mose 12, das Vaterhaus und das Land zu verlassen, ausgegangen ist. Für Muhammad war es wichtig, bestätigt zu finden, daß auch die Götter Mekkas, anders als der Gott Abrahams, nichts nützen können. Darin sieht er sich in seinem Streit mit den Mekkanern bestätigt.

Aus der zweiten mekkanischen Periode stammt auch die 21. Sure, die zuerst in Vers 1-47 sich gegen die Götzendiener richtet und als Illustration (V. 48-96) die Geschichten von Mose und Abraham erzählt. Die Geschichte Abrahams (21,51-70) ist wieder beispielhaft für die Verkündigung Muhammads. Auch hier will Abraham zeigen, daß die Götter seines Vaters nutzlos sind. Nach dem Koran zerschlägt Abraham die Standbilder der Götter seines Vaters, mit Ausnahme des größten (21,58). Das Volk bemerkt die Zerstörung und fordert von Abraham Rechenschaft. Abraham entgegnet: »Nicht ich, sondern dieser da, der größte von ihnen, hat es getan. Fragt vielmehr sie doch, wenn sie sprechen können« (21,63). Das Volk antwortet, daß sie nicht sprechen können, und dies gibt Abraham die Gelegenheit, seine (koranische) Lehre vorzutragen: »Wollt ihr denn an Gottes Statt etwas verehren, was euch weder etwas nützen noch Schaden zufügen kann?« (21,66). Das Volk wirft Abraham ins Feuer, aber Gott rettet ihn.

In der jüdischen Tradition war diese Geschichte sehr beliebt und wird an mehreren Stellen zu unterschiedlichen Zeiten erzählt. Den Kern finden wir in Gen.r. 38,19. Abraham nahm einen Stock, zerschlug alle Götzen und gab den Stock in die Hand des größten von ihnen. Der Vater verlangt eine Erklärung. Abraham sagt: Eine Frau wollte ihnen eine Schüssel mit Feinmehl als Opfer darbringen. Ein jeder der Götter wollte zuerst essen und in dem Streit nahm der größte einen Stock und zerschlug die kleineren. »Da sprach Terah zu seinem Sohn: Was spottest du mein! Können sie denn solches? Da sprach Abraham: Hören dann nicht deine Ohren, was dein Mund spricht?«

In der zweiten mekkanischen Periode ist Muhammad also fest davon überzeugt, daß der Gott des Korans auch der Gott Abrahams ist. Aber das Thema ist noch negativ gestaltet: die Götzen können weder sehen, hören noch helfen. Was die jüdische Tradition schon ausführlich wußte, ist bei Muhammad noch in der Anfangsphase.

Die dritte mekkanische Periode geht einen Schritt weiter. Neue, aus der jüdischen Tradition entnommene Erzählungen werden als Beweisstücke der koranischen Verkündigung hinzugefügt. Besonders gegen Ende der dritten mekkanischen Periode ist die Auseinandersetzung mit dem Unglauben der Mekkaner auf einem Höhepunkt angelangt. In der 6. Sure nimmt Muhammad ihrem Götzendienst gegenüber Stellung (6,25-32; 56-70). Jetzt ist der entscheidende Moment gekommen, den einzigen Gott des Korans deutlich zu predigen. Anders als die Götzen, die nicht helfen können, ist er der allmächtige Gott, Schöpfer des Himmels und der Erde, Herr des Letzten Gerichts.

Die Beweisführung liefert die Abrahamsgeschichte, wie sie Muhammad zu Ohren gekommen ist. »Und so zeigten wir dem Abraham die Königsmacht *(malakūt)* über Himmel und Erde. Als nun die Nacht über ihn gekommen war, sah er einen Stern. Er sagte: Das ist mein Herr. Als er aber verschwand, sagte er: Ich liebe die nicht, die verschwinden. Als er dann den Mond aufgehen sah, sagte er: Das ist mein Herr. Als er aber verschwand, sagte er: Wenn mein Herr mich nicht rechtleitet, werde ich zum Volk derer gehören, die irregehen. Und als er die Sonne aufgehen sah, sagte er: Das ist mein Herr. Das ist größer. Als sie aber verschwand, sagte er: O mein Volk! Ich bin unschuldig an dem, was ihr an Götzen beigesellt« (6,75-78). Anhand dieser Erzählung zieht Abraham die für den Islam so wichtige Schlußfolgerung: »Ich wende mein Angesicht zu dem, der Himmel und Erde geschaffen hat, als einer, der den einzigen Gott sucht *(hanīf)*. Ich gehöre nicht zu denen, die Gott andere Götter beigesellen« (6,79).

Diese Erzählung hatte Muhammad der jüdischen Tradition entnommen. Sie ist eine Aggadah*, die erklären will, durch welche Erfahrung Abraham zum Glauben an den einzigen Gott (der Bibel) gefunden hat. Aus dem Bericht des Josephus (Jüdische Altertümer, hrg. Heinrich Clementz, I, 7.1) geht hervor, weshalb Abraham auf Gottes Befehl aus Chaldäa nach Kanaan gehen mußte. Er sollte die hergebrachten falschen Ansichten von Gott richtigstellen. Das schloß Abraham aus den Vorgängen an Sonne, Mond und aus den Veränderungen am Himmelsgewölbe. Tatsächlich hatten die umliegenden Völker die Himmelskörper als Götter verehrt: die Chaldäer die Sterne, die Sinaiten den Mond und die Ägypter die Sonne.

Mit der koranischen Erzählung ist – dem Wortlaut nach – der

Bericht in »Ma'ase Abraham« (Jellinek, B-H.I, S.25ff) am meisten verwandt, wobei nicht ausgeschlossen ist, daß er von der islamischen Überlieferung beeinflußt worden ist. In der Sache aber hatte schon Philo diese Lehre vertreten (De Abrahamo, ed. Cohn, par. 60). Abraham erkannte, daß Gott die in der Natur herrschende Ordnung festgelegt hat. In der »Apokalypse Abrahams« (ed. Bonwetsch, Leipzig 1879, S.10) heißt es: »Als an einem Tage Abraham sich auf dem Felde niedergelegt hatte und die Sterne des Himmels sah, nahm er es auf in seinem Herzen und sprach: O große Wunder! Diese Götter haben es nicht gemacht, den Himmel und die Erde und alles hat Gott gemacht ... Nun sehe ich und begreife, daß Gott groß ist, der erschaffen hat den Himmel und die Erde und die ganze Welt.«

Aufgrund dieser erstaunlichen Übereinstimmungen kann Muhammad seine Religion auch die Religion Abrahams *(millat Ibrāhīm)* nennen. In derselben Sure zieht er diese Folgerung: »Sag: Mein Herr hat mich auf einen geraden Weg geführt, die festgefügte Religion *(dīnan qiyaman),* die Religion Abrahams *(millat Ibrāhīm),* des Verehrers des einzigen Gottes *(hanīf),* der nicht zu denen gehörte, die Gott Götter beigesellen *(mushrikīn)*« (6,161).

Weil Muhammad für seine Verkündigung in Mekka viel Beweismaterial aus der meist jüdischen, aber auch christlichen Tradition entnommen hat, macht er eine für diese Zeit sehr wichtige Aussage. Der Vers 29,46 stammt aus der letzten Zeit in Mekka oder der Anfangszeit in Medina: »Und streitet mit den Leuten der Schrift (Juden und Christen) nie anders als auf eine möglichst gute Art – mit Ausnahme derer von ihnen, die Frevler sind! Und sagt: Wir glauben an ihn, der die Offenbarung zu uns und zu euch niedergesandt hat. Unser und euer Gott ist einer. Ihm sind wir als Muslims ergeben.«

In der Übergangszeit von Mekka nach Medina steht also für Muhammad fest, daß der Gott des Korans auch der Gott ist, den Juden und Christen verehren. Doch eine Einschränkung ist angebracht: Der Gott, den Muhammad aus den Abrahamserzählungen entnommen hat, ist einerseits tatsächlich der Gott des AT; andererseits hat Muhammad aber nur einen Bruchteil seiner Gottesvorstellungen aus dem AT übernommen. Er ist zwar der einzige Gott, Schöpfer von Himmel und Erde; neben ihm gibt es keine Götter, auch nicht in der Natur. Alles andere aus der Religion Abrahams hingegen fehlt, so u.a. die Berufung Israels, die Rechtfertigung aus dem Glauben.

In Medina steht Muhammad am Scheideweg. Soll er sich dem ihm noch fehlenden Glauben der Juden in Medina anschließen oder den Weg gehen, der in Arabien vorgezeichnet ist?

In der mekkanischen Periode war Abraham schon als Beispiel und Vorbild für den islamischen Glauben hingestellt worden. Als Muhammad 622 von Mekka nach Medina auswandert, werden die Schwierigkeiten und Probleme von Mekka nur an einen anderen Ort verlagert. Ein militärischer Angriff der mekkanischen Handelsaristokratie auf das islamische Bollwerk in Medina war zu erwarten, weil die Mekkaner die Weihrauchstraße freihalten mußten. In Medina drohten Muhammad neue Gefahren. Viele Araber der beiden Stämme *Aus* und *Khazradj* nahmen den Islam nicht an oder verhielten sich als Heuchler *(munāfiqūn)*.

In dieser Lage waren die in Medina lebenden Juden, die übrigens als Oasenbesitzer und Goldschmiede Ansehen genossen, aufgrund ihres Glaubens bevorzugte Bundesgenossen zur Verteidigung der gemeinsamen monotheistischen Religion. In einer Gemeindeordnung schlägt Muhammad die Organisation eines monotheistischen Bündnisses vor. Die Gebetsrichtung *(gibla)* wird, wie bei den Juden, nach Jerusalem verlegt; den Muslimen wird befohlen, zusammen mit den Juden das Fasten am Großen Versöhnungstage *(ashura)* einzuhalten.

Aus mehreren Gründen konnten die Juden sich dem Islam aber nicht anschließen. Durch ihre Vertragsverpflichtungen mit den *Aus* oder den *Khazradj* waren die jüdischen Stämme gebunden. Und weil bei den Arabern eine klare Haltung dem Islam gegenüber fehlte, mußten die Juden am Status quo festhalten. Auf religiösem Gebiet aber hatten die Juden am Glauben Muhammads viel in Frage zu stellen. Die Gemeindeordnung war kein Vertrag zweier gleichberechtigter Parteien, sondern ein Diktat islamischerseits. Die Juden stellten auch fest, daß Muhammad über ihren Glauben wenig wußte und mangelhaft informiert war. Über die Hintergründe des *ashura*-Fastens wußte er nichts. Muhammad hat dieses Fasten auch nicht beibehalten, sondern bald wieder geändert: das Fasten wurde in den *Ramadān* verlegt, weil in dieser Nacht der Koran geoffenbart wurde (2,185). Nach talmudischer Lehre war für das Judentum die Zeit der Prophetie mit der Vernichtung des Tempels abgeschlossen; der Geist wurde den Weisen der Tora gegeben (Sanh. 11a). Aus all diesen Gründen lautete ihr Entschluß: Muhammad ist ein König, kein Prophet.

Als dann im zweiten Jahr nach der Hidjra* (624) die Mekkaner Medina angreifen, kommen die Juden Muhammad nicht zu Hilfe. Die Muslims gewinnen diese Schlacht bei Badr, und in der 8. Sure offenbart Gott, daß seine Engel für die Muslime gekämpft haben: »Als dein Herr den Engeln eingab: Ich bin mit euch. Festigt diejenigen, die gläubig sind« (8,12). Muhammad wurde deutlich, daß Gott mit dem Islam ist und er darum auf die Hilfe der Juden nicht mehr angewiesen ist.

Diese veränderte Situation und das gewachsene Selbstbewußtsein Muhammads haben ihren starken Einfluß auf die islamische Interpretation der Abrahamsgeschichte ausgeübt. Die Neuinterpretation bedeutet keinen Bruch mit den Abrahamsvorstellungen aus der mekkanischen Periode; an diese Vorstellungen hat Muhammad anknüpfen können. Der Konflikt mit den Juden – und gleichzeitig mit den Christen – hat Muhammad veranlaßt, noch mehr als zuvor den arabischen Charakter der koranischen Offenbarung und damit auch die Bedeutung des Heiligtums in Mekka in den Vordergrund zu stellen. Schon in der dritten mekkanischen Periode erzählt der Koran, Abraham habe für Mekka und sein Heiligtum gebetet (14,35-41, obwohl Wortlaut und Satzbau sehr viel Ähnlichkeit mit 2,124-129 zeigen, so daß die endgültige syntaktische Gestalt aus der medinischen Periode stammt).

Ein erstes Zeichen für die Arabisierung des Islam ist die Hervorhebung Ismaels. In der zweiten mekkanischen Periode wird Ismael (ohne Abraham) ein Apostel und Prophet genannt (19,54), während Abraham im Zusammenhang mit Israel genannt wird (19,58). Noch am Ende der dritten mekkanischen Periode wird Ismael zusammen mit Elisa, Jona und Lot, aber ohne Abraham aufgezählt.

Dies alles ändert sich in Medina. Ismael tritt als bevorzugter Sohn an die Seite Abrahams. Sie beide vollziehen den dritten und entscheidenden Schritt in der Abrahamsinterpretation des Koran: Beide haben die Ka'ba in Mekka gebaut, und beide waren Muslime. Mehr als Patriarch des AT wird Abraham nun Patriarch des Islam. Alle wesentlichen Funktionen des Islam werden Abraham zugewiesen:

– »Ich (Gott) will dich zu einem Vorbild *(imām)* für die Menschen machen« (2,124).

– Die Ka'ba ist eine Stätte der Einkehr für die Menschen. »Macht euch aus dem Platz Abrahams eine Gebetsstätte. Und wir verpflichteten Abraham und Ismael: Reinigt mein Haus für diejenigen, die die Umgangsprozession machen und sich dem Kult hingeben, und die sich neigen und niederwerfen« (2,125).

Abraham und Ismael bauen die Ka'ba und beten für die islamische Religion. Der wesentliche Inhalt der Geschichte Abrahams kommt in der 2. Sure zur Sprache, die in den ersten Jahren in Medina geoffenbart wurde. Der zweite Teil, die Verse 40–121, ist für die Geschichte des Islam von großer Bedeutung. Sie beschreiben das Verhältnis der islamischen Gemeinde zu den dort lebenden Juden, wollen sie zur Bekehrung zum Islam aufrufen, indem sie ihnen das Vorbild Abrahams, wie Muhammad ihn schon damals verstanden hat, vor Augen führen. In Muhammads Bewußtsein war Abraham schon mit Mekka verbunden. Dies ist einer der Gründe, weshalb diese Verse auch das Scheitern der Annäherungsversuche beschreiben. Der dritte Teil, die Verse 122–152, zieht die Folgen aus dieser Erfahrung mit den Juden. Nun bekommt die Geschichte Abrahams ihre entscheidende Gestalt. Er ist der Gründer der Ka'ba zu Mekka, der Stifter der ursprünglichen monotheistischen Religion, die die Juden verlassen haben, die der Islam aber wiederhergestellt hat. Das geographische Zentrum dieser wahren Religion ist Mekka. Muhammad unternimmt den für die Weltgeschichte wichtigen Schritt: Die Hauptstätte der Anbetung ist nicht mehr Jerusalem, sondern Mekka.

In ihrer endgültigen Gestalt hat nun die Geschichte Abrahams folgende Schwerpunkte. »Und als Abraham die Grundmauern dieses Hauses (der Ka'ba) aufführte mit Ismael: Unser Herr! Nimm es von uns an. Du bist der Hörende und Wissende« (2,127).

»Unser Herr! Mach uns beide zu Muslimen, dir unterworfen *(muslimīn laka)*, und mach Leute aus unserer Nachkommenschaft zu einer dir ergebenen muslimischen Gemeinde *(ummatan muslimatan laka)*. Und zeig uns unsere Pflichtriten. Und wende dich uns zu. Du nimmst die Reue an und bist barmherzig« (2,128).

»Und laß, Herr, unter ihnen einen Gesandten aus ihren eigenen Reihen auftreten, der ihnen deine geoffenbarten Verse vorträgt *(ayātika),* sie die Schrift und die Weisheit lehrt und sie läutert. Du bist der Mächtige und Weise« (2,129).

»Als sein Herr zu ihm sagte: Ergib dich (nehme den Islam an: *aslim*), sagte er: Ich habe mich dem Herrn der Welten ergeben (als Muslim – *aslamtu*)« (2,131).

Bemerkenswerterweise sind alle in diesen Versen ausgesprochenen Gedanken nicht ganz neu. Bereits im Jubiläenbuch 22,24f (Kautzsch II, S. 78) finden wir ähnliche Glaubenssätze. Das Jubiläenbuch ist ein pseudepigraphisches Werk, das aus der Zeit des zweiten Tempels datiert (1. Jahrhundert v. Chr.). Hier liegt ein Schulbeispiel der Religionsphänomenologie vor, das zeigt, wie dieselben Begriffe in einem anderen Kontext einen anderen Inhalt bekommen. Der Text im Jubiläenbuch lautet: »Abraham sagte vor seinem Tode zu Jakob: Dieses Haus habe ich mir erbaut, daß ich meinen Namen darauf lege in dem Lande, das dir und deinem Sohn für ewig gegeben ist, und es wird ‚Haus Abrahams' genannt werden. Es ist dir und deinem Samen für ewig gegeben, denn du wirst mein Haus erbauen und wirst meinen Namen vor Gott aufrichten.«

Die koranischen Übereinstimmungen und die darin enthaltenen Neuinterpretationen sind mit Händen zu greifen. In beiden Texten baut Abraham ein Heiligtum. Im Jubiläenbuch ist es der Tempel, im Koran die Ka'ba. In beiden Fällen wird das Heiligtum aber zur Ehre des von Abraham verehrten Gottes errichtet. Das geographische Zentrum dieser Verehrung ist unterschiedlich. Das Jubiläenbuch sagt: »in dem Lande, das dir und deinem Sohn für ewig gegeben ist«. Damit kann nichts anderes gemeint sein, als das verheißene Land Israel, während es im Koran Mekka ist. In beiden Schriften ist der Bau des Heiligtums mit dem Namen Abrahams verbunden. Das Jubiläenbuch sagt: »Es wird Haus Abrahams genannt werden«; der Koran sagt: »Macht euch aus dem Platz Abrahams *(maqām Ibrāhīm)* eine Gebetsstätte« (2,125). In beiden Berichten dient das erbaute Heiligtum der Gemeinde und den kommenden Generationen. Dazu das Jubiläenbuch: »Es ist dir (Jakob) und deinem Samen für ewig gegeben«; der Koran: »Ich (Abraham) habe Leute aus meiner Nachkommenschaft in einem Tal, in dem kein Getreide wächst (Mekka), bei deinem geheiligten Haus Wohnung nehmen lassen, Herr, damit sie das islamische Gebet *(salāt)* verrichten« (14,37), und: »Mach Leute aus unserer

Nachkommenschaft zu einer dir ergebenen muslimischen Gemeinde« *(ummatan muslimatan* – 2,128). Das Heiligtum in Jerusalem ist dem Gott Abrahams, Isaaks und Jakobs gewidmet: »Denn du (Jakob) wirst mein Haus bauen und wirst meinen (Abraham) Namen vor Gott aufrichten.« Im Koran ist Abraham Stifter und Vorläufer Muhammads. Sein Gebet lautet: »Und laß, Herr, unter ihnen (den Mekkanern) einen Apostel *(rasūl)* aus ihren eigenen Reihen auftreten, der ihnen deine geoffenbarten Verse *(ayāt)* des Koran vorliest« (2,129).

Die vielen Gemeinsamkeiten springen ins Auge, aber jedesmal ist die Blickrichtung anders. Die Gebete Abrahams werden Israel und dem AT genommen und dem Koran und dem Islam einverleibt. Damit bekommen diese Gebete auch einen anderen Inhalt. Die Hoffnung und die Erwartung ist nicht mehr der Messias Israels, sondern das Prophetenamt Muhammads und die islamische Gemeinde. Die nicht mehr umkehrbare geschichtliche Folge ist, daß Abraham den Juden und Christen genommen und völlig in den Islam integriert wird. Hiermit vollzieht Muhammad den vierten und letzten Schritt.

Dieser für die Geschichte so wichtige Schritt wird innerhalb der Erzählung über Abraham bereits in der 2. Sure vorgenommen. Er bedeutet die Trennung zwischen der biblischen Religion und dem Islam: »Und sie (Juden und Christen) sagen: Ihr müßt Juden und Christen sein, dann seid ihr rechtgeleitet! Sag: Nein! die Religion (die Lehre) Abrahams *(millat Ibrāhīm)*, der als *hanīf* den einzigen Gott gesucht hat und nicht zu denen gehörte, die Gott andere Götter beigesellen« (2,135). Die Bedeutung kann nur sein: Die wahre und kompromißlose monotheistische Religion ist nur bei Abraham und bei der von ihm gestifteten *ummatan muslimitan* durch Muhammad sicher aufgehoben.

Dies hatte für die jüdischen und christlichen Gemeinden unumkehrbare Folgen: »Oder wollt ihr sagen, Abraham, Ismael, Isaak, Jakob und die Stämme Israels seien Juden oder Christen gewesen? Sag: Wißt ihr besser Bescheid oder Gott? ... Das ist eine Gemeinschaft, die der Vergangenheit angehört« (2,140-141). Abraham ist den Juden und Christen genommen und zu einem Muslim erklärt worden.

Diese heilsgeschichtliche Schlußfolgerung steht bei Muhammad nicht vereinzelt da. Die 3. Sure wurde nach der Schlacht bei

Badr geoffenbart, in der Zeit also, in der die politische und militärische Macht Muhammads gewachsen war und er die Hilfe der Juden nicht mehr brauchte. Hier greifen das Religiöse und das Machtpolitische ineinander. Aus dieser Machtstellung kann der Koran sagen: »Abraham war weder Jude noch Christ; er war *hanīf* und *muslim* und gehörte nicht zu den Götzendienern« (3,67).

Diese einschneidende Aussage des Koran hat die Geschichte Abrahams der biblischen Tradition entkleidet und sie zu einer wesentlichen Glaubensaussage des Islam gemacht. Der Bruch mit den Juden in Medina steht nicht am Anfang dieses Prozesses. Diese tragische Tatsache hat nur einem wichtigen Aspekt der koranischen Verkündigung kräftige Impulse verliehen. Muhammad hatte nie die Absicht, Jude oder Christ zu werden. Von Anfang an war sein Auftrag, den unwissenden Arabern (die *djāhiliya*-Periode der Unwissenheit vor dem Islam) eine Warnung, eine Botschaft, eine Heilige Schrift in deutlicher arabischer Sprache zu vermitteln, damit sie vor dem kommenden Gericht gerettet werden. Diese Schrift sollte nur die jüdische Tora und das christliche Evangelium, insoweit Muhammad davon Kenntnis erhalten hatte, bestätigen (41,43; 46,12). Von Anfang an betonte Muhammad den arabischen Charakter des Koran für das unwissende arabische Volk. Diese Überzeugung stand für Muhammad in der zweiten mekkanischen Periode bereits fest: »Bei der deutlichen Schrift. Wir haben sie zu einem arabischen Koran gemacht« (43,2-3). Aufgabe ist, die Araber vor dem Gericht zu warnen, damit sie Gott fürchten: »So haben wir die Schrift als einen arabischen Koran hinabgesandt. Und wir haben darin eine Drohung abgewandelt. Vielleicht würden sie gottesfürchtig sein« (20,113).

Die Warnung vor dem Gericht wird in der dritten mekkanischen Periode noch verstärkt: »Und so haben wir dir einen arabischen Koran eingegeben, damit du die Hauptstadt (Mekka) und die Leute in ihrer Umgebung warnst vor dem Tag der Versammlung, an dem nicht zu zweifeln ist. Ein Teil wird im Paradies sein, ein anderer im Höllenbrand« (42,7; vgl. 41,3). In der dritten mekkanischen Periode wird sogar die Möglichkeit einer nicht-arabischen Sprache deutlich zurückgewiesen, damit die Araber sich vor ihrem Unglauben nicht entschuldigen können: »Was soll ein nicht-arabischer Koran und ein arabischer Verkünder?« (41,44).

Diese Grundhaltung führte dazu, daß die koranische Verkündigung den arabischen Verhältnissen angepaßt werden mußte. In Mekka predigte Muhammad über Abraham, was für die Mekkaner einleuchtend war. Die ganze biblische Abrahamsgeschichte, auch die Lehre, die Paulus daraus gezogen hat (Röm 4,3-22; Gal 3,6-18), mußte zwangsläufig außerhalb des Korans bleiben. Gerade weil die biblische Bedeutung Abrahams Muhammad fehlte, konnte er Abraham den Juden und Christen um so leichter streitig und zu einem Patriarchen des Islam machen.

Im Vergleich zum Abraham der Bibel ist der Abraham des Korans ein amputierter Abraham, ein Torso. Aufgrund der koranischen Aussage, daß Abraham weder Jude noch Christ war, muß bezweifelt werden, ob die gängige Bezeichnung von »drei abrahamitischen Religionen« uneingeschränkt beibehalten werden kann. Nur unter bestimmten Bedingungen gibt es *eine* Gemeinsamkeit: Abrahams Glaube an den einzigen Gott. Aber dieser Gott Abrahams ist der Gott des Bundes mit Israel, und sein Glaube ist der Glaube an den Gott, der – ohne die vorangegangenen Werke – den Gottlosen rechtfertigt (Röm 4,1-22). In diesem seinem Glauben ist er zum Segen für alle Völker (Gal 3,8; 1 Mose 12,3; 18,18) geworden. All diese Glaubenslehren fehlen im Koran, und damit ist die Frage berechtigt, ob der Gott des Korans uneingeschränkt auch der Gott der Bibel ist. Die Antwort auf diese Frage erhalten wir, wenn wir uns vor Augen stellen, was der Koran über Jesus sagt.

# VI. Jesus im Koran

Jesus – 'Isā – wird im Koran in 15 Suren, 93 Verse umfassend, erwähnt. Wenn man bedenkt, daß der Koran insgesamt 114 Suren hat, macht die Erzählung über Jesus nur einen Bruchteil der koranischen Verkündigung aus. Dennoch bilden diese 93 Verse eine mehr oder weniger abgerundete Christologie, die sich von seiner Geburt über seine Botschaft und Wundertaten bis zu seiner Aufnahme durch Gott erstreckt. Wie bei der Geschichte Abrahams ist das Material teilweise dem NT, mehr aber noch der apokryphen Literatur orientalischer Tradition entnommen. Und wie bei Abraham sind die Aussagen über Jesus den Erfordernissen Muhammads und der jungen islamischen Gemeinde angepaßt.

## 1. Die Geburt Jesu nach dem Koran

Die Geburt Jesu wird im Koran an zwei Stellen erzählt: in den Suren 19 aus der zweiten mekkanischen Periode und 3 in Medina, nach der Schlacht bei Badr und dem Bruch mit den Juden. Der Bericht in der 19. Sure enthält schon alle wesentlichen Komponenten. Teilweise stammen sie aus den Berichten der Evangelien, teilweise aus der mündlichen Tradition.

Schon der gesamte Aufbau der 19. Sure ist beachtenswert. Sie zeigt, welche biblischen Personen für Muhammad von großer Bedeutung waren. Es werden genannt: Zacharias (19,3-11), Johannes der Täufer (12-15), Maria (16-26), Jesus (27-36), Abraham (41-50), Mose (51-53) und Ismael (54-55). Es sind allerdings fragmentarische Erzählungen, die dem Lauf der biblischen Heilsgeschichte nicht gerecht werden. Es handelt sich eher um Illustrationen, welche die Wahrheit der Predigt Muhammads belegen sollen, wie z.B. die über das Letzte Gericht (66-72) und die Macht des Teufels über die Ungläubigen (81-84). Wie sehr diese Erzählungen schon fest in der Botschaft der kompromißlosen Einzigkeit Gottes eingebunden sind, bezeugt der Abschluß der Sure: Gott steht es nicht an, sich einen Sohn zu nehmen (88-96). Dieser allgemeine Kontext muß mit bedacht werden, um den Wert der Erzählung über Jesu Geburt angemessen beurteilen zu können. Denn was von allergrößter Wichtigkeit ist: diese Geburt hat mit der Inkarnation (Joh 1,14) nichts gemein. Wenn der Koran vom Sprechen Jesu in der Wiege berichtet, wird die Inkarnation – Jesus als Sohn Gottes – mit aller Bestimmtheit zurückgewiesen.

Die Erzählung über die Geburt Jesu in Sure 19 nimmt folgenden Verlauf: Maria, die sich vor ihren Angehörigen an einen östlichen Ort zurückzog (wahrscheinlich den Tempel), wird vom Geist Gottes besucht. »Und wir sandten unseren Geist zu ihr. Der stellte sich ihr dar als ein wohlgestalteter Mensch« (19,16-17). Die spätere islamische Tradition hat diesen Geist mit dem Erzengel Gabriel identifiziert und damit den Anschluß an Lukas 1,26 vollzogen. Dieser Geist berichtet Maria, daß sie »einen lauteren Jungen« bekommen werde. Aber Maria antwortet: »Wie sollte ich einen Jungen bekommen, wo mich kein Mann berührt hat und ich keine Hure bin« (19,20). Der Geist weist auf die Allmacht Gottes hin: »Er sagte: So wird es sein! Dein Herr sagt: Es fällt mir leicht. Damit wir ihn zu einem Zeichen für die Menschen machen, und weil wir Barmherzigkeit erweisen wollen« (19,21). Die 19. Sure bringt das ganze Geschehen mit der Allmacht Gottes in Verbindung, die allein Gott zusteht. Das hat schon hier dogmatische Folgen: »Solcher Art ist Jesus, der Sohn der Maria ... Es steht Gott nicht an, sich irgendeinen Sohn zuzulegen. Gepriesen sei er. Wenn er eine Sache beschlossen hat, sagt er zu ihr nur: ‚Sei!; dann ist sie« (34-35). Die koranische Auffassung von der Jungfrauengeburt wird der Allmacht Gottes zugeordnet, der nur sein Schöpferwort »Sei!« zu sprechen braucht, und alles entsteht gemäß seinem Willen.

In der späteren 3. Sure wird diese Hauptlehre noch deutlicher. Die Jungfrauengeburt wird nun mit der Erschaffung des ersten Menschen verglichen: Adam und Jesus, beide sind unmittelbar aus der Macht des Schöpferwortes entstanden. »Jesus ist vor Gott gleich wie Adam. Den schuf er aus Erde. Hierauf sagte er zu ihm nur ‚Sei!‘, da war er« (3,59). Jesus ist also unmittelbar aus dem Schöpferwort Gottes hervorgegangen. Diese Tatsache der Allmacht Gottes ist auch die Antwort, die der Engel Maria gibt: »Maria sagte: Mein Herr! Wie soll ich ein Kind bekommen, wo mich kein Mann berührt hat? Er sagte: Das ist Gottes Art. Er schafft, was er will. Wenn er eine Sache beschlossen hat, sagt er zu ihr nur: ‚Sei!', dann ist sie« (3,47).

Hier zeigt sich nochmals – unter einem anderen Vorzeichen – die Schwierigkeit der Auseinandersetzung mit dem Islam. Beide, NT und Koran, lehren die Jungfrauengeburt. Der Inhalt der Erzählung im Koran stimmt in großen Zügen mit dem des NT überein. Und doch verbirgt sich hinter dieser Gemeinsamkeit ein Unterschied, der einen tiefen Riß zwischen der Verkündigung beider Heiliger Schriften sichtbar macht. Die 19. Sure, die die Botschaft des Korans anhand von Beispielen biblischer Propheten verdeutlicht, erwähnt am Schluß noch einmal das Wesentliche. In einigen klaren Sätzen wird die islamische Lehre von der Jungfrauengeburt zusammengefaßt und die Botschaft des Evangeliums als falsch zurückgewiesen. »Sie (die Christen) sagen: Der Barmherzige hat sich einen Sohn zugelegt. Wahrlich, ihr habt ein schreckliches Ding begangen. Schier brechen die Himmel darüber auseinander und spaltet sich die Erde und stürzen die Berge in sich zusammen, daß sie dem Barmherzigen einen Sohn zuschreiben. Dem Barmherzigen steht es nicht an, sich einen Sohn zuzulegen. Es gibt niemand im Himmel und auf Erden, der nicht als Diener zum Barmherzigen kommen würde« (19,88-93). Der Koran gibt sich also viel Mühe, in Verbindung mit der Verkündigung der Jungfrauengeburt die neutestamentliche Lehre von der Inkarnation zu widerlegen. Damit hat die koranische Jungfrauengeburt einen völlig anderen Stellenwert als im NT. Die Jungfrauengeburt ist im Koran nicht Hinweis auf die Inkarnation als Offenbarung der rettenden Liebe Gottes in Christus (Joh 3,16).

Und dennoch: Die Jungfrauengeburt im Koran rückt Jesus in die Nähe Gottes. Außer Adam kennt der Koran keinen einzigen Propheten – auch Muhammad nicht –, der so unmittelbar aus der Schöpfermacht Gottes hervorgegangen ist. Hier steht Jesus schon in einem ontologischen Unterschied zu allen anderen Propheten. Ursache dafür ist, daß der Koran zwar die neutestamentlichen Berichte übernommen hat, ohne dabei aber die dogmatischen Folgen zu bedenken.

## 2. Jesu Wunderzeichen im Koran

Dieselbe Diskrepanz wird auch in den von Jesus gewirkten Wunderzeichen sichtbar. Der Koran erzählt ein Wunder, daß Jesus als Kind in der Wiege auf wunderbare Weise zu den Leuten gesprochen hat, und zwar in denselben Suren 19 und 3 und in einer kurzen Bemerkung in 5,110 (medinische Periode).

Der Kontext in Sure 19, 27-33 (2. mekkanische Periode) hat eine besondere Bedeutung. Maria kommt mit dem kleinen Kind zu ihren Verwandten, nachdem sie sich mit ihm an einen fernen Ort zurückgezogen hatte (19,22). Weil Maria keinen Mann hat, denken ihre Verwandten, daß Jesus außerehelich geboren ist. Sie sagen zu ihr: »Maria! Du hast etwas Unerhörtes begangen. Schwester Aarons! Dein Vater war doch kein schlechter Mann und deine Mutter keine Hure« (19,27-28). Die Verwandten verdächtigen Maria also, eine Hure zu sein. Nach orientalischer Tradition wollen sie wissen, wer der Vater ist, denn die Genealogie läuft über die Väter.

Diese Begebenheit ist aus der jüdischen Tradition bekannt. In der jüdischen Schrift Tos. Chul. II, 22.23 wird Jesus *Ben Pantera* genannt. Woher diese Name kommt, kann nicht eindeutig festgestellt werden. Es gibt noch eine andere Quelle. Der Kirchenvater Origenes (Contra Celsum I,32) hat von dem heidnischen Philosophen Celsus vernommen, daß der Vater Jesu ein in Judäa stationierter römischer Soldat namens Pantera gewesen sei. Celsus, ein Philosoph aus der zweiten Hälfte des 3. Jahrhunderts, hatte behauptet, er habe diese Meinung von Juden gehört. Es wäre möglich, daß diese Verleumdung auf einen Bericht des Kirchenhistorikers Epiphanius (Haereses 78) zurückgeht, der behauptet hat, daß der Name Pantera der Zuname Jakobs, des Vaters Josef, der Nährvater Jesu gewesen sei. Nun war es durchaus in der jüdischen Tradition Brauch, jemanden anstelle des Vaternamens mit dem Namen seines Großvaters zu bezeichnen. Sagt doch der Talmud (Jeb. 62b): »Enkelkinder sind wie eigene Kinder.«

Wie dem auch sei, diese heidnische Verleumdung muß im Orient erzählt worden und Muhammad zu Ohren gekommen sein, wie die oben genannten Verse bezeugen. Der Koran gibt hierauf seine eigene Antwort. Maria läßt das Kind Jesus die Antwort auf die Beschuldigung der Verwandten geben. Es sagt in der

Wiege: »Ich bin der Diener Gottes. Er hat mir die Schrift gegeben und mich zu einem Propheten gemacht« (19,30).

Dieser Koranvers ist sehr bezeichnend. Er stammt teilweise aus der arabischen christlichen Tradition. Der Biograph Muhammads, Ibn Ishāq, schreibt in seiner Biographie *Sirat rasūl Allah* (ed. Wüstenfeld 401 ff; Guillaume, The Life of Muhammad, S. 271ff), daß eine Abordnung von Christen aus Nadjran zu Muhammad gekommen ist. Sie sollen zu Muhammad gesagt haben: »Jesus ist der Sohn Gottes, denn er hatte keinen Vater; er hat in der Wiege gesprochen, und das ist etwas, das kein Sohn Adams je getan hat.« In dem Kindheitsevangelium in arabischer Sprache lauten die Worte, die Jesus in der Wiege gesprochen haben soll: »Ich bin Jesus, der Sohn Gottes, das Wort, das du geboren hast, wie der Engel Gabriel es dir angekündigt hat« (Peeters: Evangiles apocryphes II, S.1).

Was ist hier passiert? Nach Ibn Ishāq hat Muhammad von den Christen aus Nadjran diese Erzählung gehört. Jesus ist der Sohn Gottes, denn so hat er in der Wiege gesprochen. Dies ist – den Umständen nach zu urteilen – die einzig richtige und zutreffende Antwort. Die Verwandten wollen von Maria – ist sie eine Hure? – wissen, wer der Vater ist. Jesus gibt in der Wiege die passende Antwort: Gott ist sein Vater; ich bin der Sohn Gottes. Dies aber kann der Koran gerade nicht sagen. Die Antwort der Christen wird deshalb umgedeutet, und Jesus werden die Worte in den Mund gelegt, die auch dem koranischen Glauben entsprechen: Jesus sei nur der Diener Gottes. Damit aber hat sich der ursprüngliche Sinn geändert. Die dann folgenden Verse haben Jesus, wie auch Abraham, dem Islam einverleibt. Gott hat ihn beauftragt, das islamische Gebet *(salāt)* und die Almosensteuer *(zakāt)* einzuhalten, solange er leben würde (19,31).

Der Koran erzählt ein zweites Wunderzeichen Jesu (3,49; 5,110): »Und als Gesandter an die Kinder Israel: Ich bin mit einem Zeichen von eurem Herrn zu euch gekommen, daß ich euch aus Lehm etwas schaffe *(akhluqu),* das die Gestalt der Vögel hat. Dann werde ich hineinblasen *(anfukhu)* und es werden Vögel sein mit Gottes Erlaubnis« (3,49 – medinische Periode). Diese Erzählung stammt aus dem apokryphen Kindheitsevangelium des Thomas (36,46,1; 6. Jahrhundert n. Chr.). In einer syrischen Handschrift ist zu lesen: »Das kleine Kind Jesus, fünf Jahre alt, spielte am Rande eines Bachs. Nachdem er Lehm geknetet hatte, bildete er zwölf Vögel daraus. Es war Sabbat. Jesus klatschte in die Hände und sagte: Fliege, und die Vögel flogen davon.« Ibn Ishāq berichtet in seiner Biographie, daß die Christen aus Nadjran versuchten, Muhammad zu beweisen, daß Jesus der Sohn Gottes ist, weil er u.a. aus Lehm Vögel gestaltet, in sie hineingeblasen hat und sie daraufhin davongeflogen sind.

Muhammad hat diese Erzählung in großen Zügen ohne Änderungen in den Koran übernommen. Damit hat er aber wiederum Jesus in die Nähe Gottes gebracht. Nach dem Koran hat Gott auf dieselbe Weise Adam erschaffen wie Jesus die Vögel erschuf. »Wir haben doch den Menschen aus Lehm erschaffen *(khalaqnā)*« (23,12 – 2. mekkanische Periode). Und: »Wir haben sie aus Lehm geschaffen« (37,11 – 2. mekkanische Periode). Auch beim Hineinblasen mit dem lebenschaffenden Odem ist die Tätigkeit Jesu dem Wortlaut nach genau dieselbe wie die Gottes bei der Erschaffung des Menschen. »Wenn ich ihn dann geformt und ihm Geist von mir eingeblasen habe *(nafakhtu)*« (15,29 – 2. mekkanische Periode). Und: »und ihn hierauf geformt und ihm Geist von sich eingeblasen hat« (32,9 – 3. mekkanische Periode). Hier hat Jesus wiederum eine Sonderstellung erhalten, von keinem anderen Propheten wird gleiches erzählt. Muhammad hat diese Erzählung zwar von den Christen übernommen, aber mit einer Einschränkung versehen: »mit der Erlaubnis Gottes«. Damit bleibt die koranische Lehre der uneingeschränkten Allmacht Gottes erhalten.

Unmittelbar aus dem NT entnommen sind die Berichte, daß Jesus Blinde und Aussätzige heilte (3,49; vgl. Lk 7,22). Das NT berichtet auch von drei Fällen, in denen Jesus Tote auferweckte: die Tochter des Jairus (Mk 5,21-43); den Sohn der Witwe in Nain (Lk 7,11-17) und Lazarus (Joh 11). Auch der Koran bezeugt, daß Jesus Tote auferweckte, gibt aber – anders als das NT – darüber keine näheren Informationen. An beiden Stellen (3,49 und 5,110) wird nur allgemein gesagt: »und ich Tote lebendig mache« (3,49), »und als du mit meiner Erlaubnis Tote herauskommen ließest« (5,110).

Dennoch liegt hinter diesen einfachen Aussagen Wichtiges verborgen. Der Koran gibt Jesus eine Ausnahmestellung gegenüber allen anderen Propheten – auch gegenüber Muhammad. Darüber hinaus – und dies ist das Allerwichtigste – wird Jesus zum dritten Mal in die Nähe Gottes gerückt, selbst was den arabischen Wortlaut (er macht die Toten lebendig) betrifft. 3,49 lautet: »Tote lebendig machen« *(uhī al-mawtā)*. Der Koran vertritt durchgängig die Lehre, daß es das alleinige Vorrecht Gottes ist, die Toten lebendig zu machen; und dies mit dem gleichen arabischen Wortlaut wie in dem Bericht über Jesus. 75,40 (1. mekkanische Periode) lautet: »kann er nicht die Toten lebendig machen?« *(yuhī al-mawtā)*. In 5,110 wird von Jesus gesagt: »Tote herauskommen ließest« *(yukhridju al-mawtā)*. Von Gott berichtet der Koran dasselbe mit demselben arabischen Wortlaut. In 3,27 heißt es: »du bringst das Lebendige aus dem Toten hervor« *(tukhridju al-mawtā)*. 22,6: »die Toten zu Leben bringt« *(yuhī al-mawtā)*, ebenso 41,39 und 42,9. Diese Verse bezeugen, daß es zu den Hauptlehren des Korans gehört, daß Gott die Toten lebendig macht. Hierin stimmt der Koran mit dem NT überein. Dadurch daß der Koran die Wunderzeichen Jesu aus den neutestamentlichen Berichten schöpfte, hat er Jesus ganz in die Nähe Gottes gestellt – einerseits als Ausnahme, andererseits mit der Einschränkung: »mit der Erlaubnis Gottes«.

Mehr als diese Aussagen über Jesus hat der Koran allerdings nicht aus dem NT übernommen, denn das hätte dazu geführt, Jesus in seiner Einmaligkeit auch im Koran darstellen zu müssen. Es bleibt bei diesen drei oben erwähnten Ausnahmen. Ansonsten bleibt Jesus ein Prophet wie alle anderen im Koran erwähnten; die Grenzen seines Menschseins werden genau gezogen. Die Wunderzeichen sollen den Beweis liefern, daß Jesus eine prophetische Sendung hatte.

Diese Zeichen können von unterschiedlicher Art sein. So wurde Mose die Tora gegeben, und »wir haben Jesus, dem Sohn der Maria, die klaren Beweise *(baiyināt)* gegeben« (seine Wunder). Diese Wunder hat er vollbringen können, weil Gott ihn mit dem Geist der Heiligkeit gestärkt hat (2,87 = 2,253). All diese Aspekte haben einen inneren Zusammenhang. Der Geist der Heiligkeit hat Jesus gestärkt, alle Wunder zu vollbringen, die dazu dienen sollten, die Ungläubigen unter den Juden von Jesu prophetischer Sendung zu überzeugen. Dieser Zusammenhang kommt klar in 5,110 zum Ausdruck. Alle Wunderzeichen Jesu werden eingeleitet durch die Mitteilung über die Stärkung mit dem Geist der Heiligkeit und abgeschlossen mit der Erklärung, daß diese Wunder Beweise *(baiyināt)* für die ungläubigen Juden sind.

Muhammad war in derselben Lage. Er hat die Zeichen (*ayāt* – die Verse des Korans) gebracht, die seine prophetische Berufung beweisen (2,99). Zu den wichtigsten Zielsetzungen dieser Zeichen gehört, die Ungläubigen oder die Irrenden von der Wahrheit der prophetischen Botschaft zu überzeugen. »Und als Jesus mit den klaren Beweisen *(baiyināt)* kam, sagte er: »Ich bin mit der Weisheit zu euch gekommen, um euch einiges von dem, worüber ihr uneins seid, klarzumachen« (43,63 – 2. mekkanische Periode).

Aus den näheren Erläuterungen geht hervor, daß die von Jesus vollbrachten Wunder nicht auf eine etwaige göttliche Natur hinweisen; sie alle bewegen sich im Rahmen der unterschiedlichen Zeichen, durch die auch andere Gesandte die Wahrheit ihrer prophetischen Berufung den Zweiflern vor Augen führen. Somit haben die Wunder Jesu im Koran nicht die Bedeutung und den Wert, die ihnen das NT beilegt: nämlich Zeichen seiner Messianität und Botschaft vom nahe gekommenen Gottesreich (Lk 7-9,50).

Der Koran sieht in Jesus einen Propheten gemäß der koranischen Auffassung des Prophetentums. Diese Überzeugung stand bei Muhammad bereits in der 2. mekkanischen Periode fest, und die spätere Mitteilung über die außergewöhnlichen Wunder Jesu hat daran nichts geändert. In der 2. mekkanischen Periode hat es geheißen: »Er ist nichts anderes als ein Diener, dem wir Gnade erweisen, und den wir zu einem Beispiel für die Kinder Israel gemacht haben« (43,59), genau wie die Worte des Kindes in der Wiege (19,30). Zu der Zeit, als Muhammad die Wunder Jesu erzählte, wird diese Grundüberzeugung in Medina noch einmal bestätigt: »Ihr Leute der Schrift! Treibt es in eurer Religion nicht zu weit und sagt gegen Gott nichts aus, außer der Wahrheit. Der Messias, Jesus, der Sohn der Maria, ist nur der Gesandte Gottes und sein Wort, das er der Maria eingegeben hat und Geist von ihm ... Der Messias wird es nicht verschmähen, ein Diener Gottes zu sein« (4,171-172). Diese Verse brauchen dem Zeugnis des NT nicht zuwiderzulaufen, aber in ihrer Einseitigkeit verneinen sie die ergänzende Seite dieses Zeugnisses, das Jesus als den Menschen- und Gottessohn gleichermaßen darstellt (Joh 10,36; Röm 1,4; Lk 4,3).

## 3. Jesu Botschaft im Koran

Nachdem Jesus als Prophet in den Rahmen des koranischen Prophetenamtes eingeordnet worden ist, muß seine Botschaft notwendigerweise auch mit der Botschaft der anderen Propheten in Übereinstimmung gebracht werden. In dem Abschnitt über Jesus in Sure 43,57-64 wird zweimal betont, daß Jesus nur ein Diener Gottes war. »Er ist nichts anderes als ein Diener, dem wir Gnade erwiesen« (59), und zum Abschluß: »Gott ist mein und euer Herr. Dient ihm!« (64). Dasselbe wird betont in dem gegen den Trinitätsglauben der Christen gerichteten polemischen Abschnitt (4,171-173 – medinische Periode). »Der Messias wird nicht verschmähen, ein Diener Gottes zu sein« (4,172). Folglich ist die Essenz seiner Botschaft: »Gott ist mein und euer Herr. Dient ihm! Das ist ein gerader Weg« (19,36 – 2. mekkanische Periode).

Die Botschaft des Dieners Jesus, nämlich Gott zu dienen, steht im Einklang mit dem NT. Man könnte sogar eine Übereinstimmung des Korans mit dem altchristlichen Hymnus in Phil 2,3-11 konstruieren. Dort ruft Paulus die Gemeinde in Philippi auf: »Seid untereinander so gesinnt, wie es dem Leben in Christus Jesus entspricht.« Das bedeutet: »Er wurde wie ein Sklave« *(doulos)*. Das griechische Wort *doulos* entspricht genau dem koranischen »ʿabd« – Sklave (4,172; 43,59), und seine Botschaft lautet, daß die Menschen als Diener, als Sklaven, Gott dienen sollen – *ʿabadū*« (19,36).

Doch hier setzt sofort die Schwierigkeit der Auseinandersetzung mit dem Islam ein. Denn im vorangegangenen Vers wird mit Nachdruck betont, daß Gott sich keinen Sohn zugelegt hat (19,35). Durch diese Hauptlehre des Korans wird nicht nur dem christlichen Hymnus (Phil 2,10-11) seine Bedeutung genommen, denn Jesus ist sowohl *doulos* (Knecht) als auch *kyrios* (Herr), sondern dadurch bekommt auch die inhaltliche Füllung von »ʿabd« im Koran eine andere Betonung. Ist in Philipper 2 der *doulos* der sich erniedrigende Sohn, der es nicht als Raub betrachtet hat, Gott gleich zu sein, so ist Jesus im Koran – wie jeder andere Mensch – nur kreatürlicher Sklave. Ungeachtet mancher Übereinstimmung spricht der Koran von einem anderen Jesus als das NT.

Dementsprechend bekommt auch das Evangelium einen anderen Inhalt. Im NT ist Jesus in seiner Person die Frohbotschaft. Im Koran werden Jesus und sein Evangelium getrennt. Jesus bringt den Menschen eine Schrift, wie auch der sterbliche Mensch Muhammad eine Schrift gebracht hat.

An mehreren Stellen sagt der Koran, daß Jesus die Schrift gegeben wurde, so z.B. seine Worte in der Wiege (19,30). Diese Schrift nennt der Koran *Indjīl,* die arabische Form von Evangelium. Das *Indjīl* steht ohne Ausnahme in der Reihe der Offenbarungsschriften, die einige bevorzugte Gesandte empfangen haben, so Mose die Tora. Daß diese beiden Schriften gleichwertig nebeneinanderstehen, wird in der 5. Sure mehrmals behauptet. »Und wir ließen hinter ihnen (die Kinder Israel) her Jesus, den Sohn der Maria, folgen, daß er bestätige, was von der Tora vor ihm war. Und wir gaben ihm das Indjīl« (5,46 – aus dem Jahre 631). In 5,110 werden die Wunderzeichen aufgezählt. Zwischen ihnen steht der Satz: »als ich dich die Schrift, die Weisheit, die Tora und das Indjīl lehrte«. Aus der Zeit in Medina stammt auch 57,27: »und wir gaben ihm das Indjīl«.

Über den Inhalt des *Indjīl* gibt 5,46 Auskunft: »als Rechtleitung und Ermahnung für die Gottesfürchtigen«. Was nun die Rechtleitung und Ermahnung beinhaltet, wird mit der Tora gleichgestellt. Im Wesentlichen müssen das die Gebote und Verbote sein, denn die Leute des Evangeliums, die Christen, »sollen nach dem entscheiden, was Gott darin herabgesandt hat« (5,47).

Gegen Ende der Laufbahn Muhammads – als der Sieg über Mekka in Sicht war – wird deutlich, daß er in dem *Indjīl* nichts gesehen hat, was die Tora und der Koran nicht schon hätten. Tora und *Indjīl* sind gleichwertige Schriften, die in der Botschaft Muhammads zur Vollendung gekommen sind. Alle besonderen Kennzeichen der Botschaft Jesu nach den Evangelien fehlen: Inkarnation; der Menschensohn, in dem das Reich Gottes nahe ist; Kreuz und Auferstehung. Im Gegensatz dazu stellt Muhammad fest: »Er ist es, der seinen Gesandten – Muhammad – mit der Rechtleitung und der wahren Religion geschickt hat, um ihr (dem Islam) zum Sieg zu verhelfen über alles, was es an Religion gibt. Muhammad ist der Apostel Gottes. Und diejenigen, die mit ihm sind, sind den Ungläubigen gegenüber heftig, unter sich aber mitfühlend. So werden sie in der Tora beschrieben. Und im Indjīl werden sie mit

Getreide verglichen, dessen Triebe Gott hervorkommen und stärker werden läßt« (48,28-29). Das Gleichnis vom Senfkorn (Mt 13,31-32) wird auf die neue Macht des Islam übertragen; das Evangelium Jesu hat nur eine vorbereitende Aufgabe.

## 4. Die koranische Polemik gegen die Trinität

Viele koranische Texte betonen, daß Jesus ein Diener Gottes war, aber in dem Sinne, daß seine Sohnschaft auszuschließen ist. Die Argumentation wurde zwar nicht hauptsächlich auf die Beurteilung der Person Jesu gelegt, sondern vielmehr in das Hauptdogma der Einzigkeit Gottes, die es ausschließt, daß Gott einen Sohn gezeugt haben soll, wie es die für die Liturgie des Islam so wichtige Sure 112 verkündet.

Dennoch nimmt Jesus eine Sonderposition ein. Der Engel sagte zu Maria: »Er wird im Diesseits und im Jenseits angesehen sein, und einer von denen, die Gott nahestehen« (3,45 – medinische Periode). Dieses »Gott-nahestehen« hat Jesus als Privileg mit den Engeln gemeinsam, auch erkennbar an der Formel »einer von denen, die nahestehen« *(min al-muqarribīn)*. Dies bezeugt 4,172, aber sogleich mit der Einschränkung, daß auch die Gott nahestehenden Engel es nicht verschmähen, Diener Gottes zu sein. Auch wenn der Koran versichert, daß Jesus unmittelbar aus dem Schöpferwort Gottes »Sei!« hervorgegangen ist, wird die Einzigkeit Gottes nachdrücklich betont: »Dies ist der Bericht, der der Wahrheit entspricht. Es gibt keinen Gott außer Allah« (3,62).

Ungeachtet der Ausnahmeposition Jesu gibt es im Koran keine Möglichkeit, einen Zugang zum trinitarischen Gott zu finden. Im Gegenteil. Der Koran greift die Trinitätslehre an, wobei zu bemerken ist, daß er diese Lehre nicht auf Jesus zurückführt, sondern auf den falschen Glauben der Christen. Philipper 2,6-11 hat Muhammad bestimmt nicht gekannt.

Diese Angriffe begannen in Medina, als Muhammad so sehr in seiner Macht und seinem Glauben gestärkt war, daß er die Polemik gegen seine Widersacher aufnehmen konnte. Ausgangspunkt war der schon in Mekka fest begründete Glaube an die Einzigartigkeit Gottes. Zu der Delegation der Christen aus Nadjran wird als Abschluß ihrer Beratungen gesagt: »O Christen! ihr wisset sehr gut, daß Muhammad ein von Gott gesandter Apostel ist und daß er die entscheidende Erklärung über die wahre Natur eures Herrn ausgesagt hat« (Ibn Ishāq 410 – Guillaume 277).

Aus etwa derselben Zeit stammt 4,171, in dem zugleich die Bedeutung Muhammads in den Vordergrund tritt. »Ihr Leute der Schrift! Treibt es in eurer Religion nicht zu weit und sagt gegen Gott nichts aus, außer der Wahrheit! Der Messias Jesus, der Sohn der Maria, ist nur der Gesandte Gottes und sein Wort, das er in Maria eingegeben hat, und Geist von ihm. Darum glaubt an Gott und seinen Gesandten und sagt nicht drei. Hört damit auf. Das ist besser für euch. Gott ist nur ein einziger Gott. Zu hoch gepriesen ist er, daß er einen Sohn haben könnte. Ihm gehört, was im Himmel und auf Erden ist.«

Aus einer etwas späteren Zeit datiert die Sure 5, jedenfalls aus einer Zeit, in der sich die Macht des Islam gefestigt hatte. Dadurch konnte Muhammad selbstbewußter gegenüber Juden und Christen auftreten, wie aus dem Abschnitt 51-86 hervorgeht. Den Muslimen wird z.B. verboten, sich Juden und Christen zu Freunden zu nehmen (5,51). Der Glaube an die Trinität wird nun als Unglaube bezeichnet. »Ungläubig sind diejenigen, die sagen: Gott ist einer von dreien. Es gibt keinen Gott außer einem einzigen Gott. Und wenn sie nicht aufhören mit dem, was sie sagen, dann wird diejenigen von ihnen, die ungläubig sind, eine schmerzhafte Strafe treffen« (5,73). »Der Messias, der Sohn der Maria, ist nur ein Gesandter« (5,75).

Die Verse 5,116-117 wurden Muhammad wahrscheinlich im Jahre 631, als er auf dem Höhepunkt seiner Macht stand, geoffenbart. Der falsche Glaube an den dreieinigen Gott wird nicht Jesus zugeschrieben, sondern der Tradition der Christen. Der Koran faßt die endgültige Beurteilung folgendermaßen zusammen: »Als Gott sagte: O Jesus, Sohn der Maria! Hast du zu den Leuten gesagt: Nehmt euch außer Gott mich und meine Mutter zu Göttern? Er sagte: Gepriesen seist du! Mir steht es nicht zu, etwas zu sagen, wozu ich kein Recht habe. Wenn ich es gesagt hätte, wüßtest du es. Du weißt Bescheid über das, was ich in mir hege. Aber ich weiß über das, was du in dir hegst, nicht Bescheid. Du bist es, der über die verborgenen Dinge Bescheid weiß. Ich habe ihnen nur gesagt, was du mir befohlen hast: Dienet Gott, meinem und eurem Herrn!«

Muhammad hat also die Trinität so verstanden, als bestünde sie aus Vater, Mutter und Sohn, eine Auffassung, die an das heidnische Pantheon denken läßt. Ob die Araber von diesem Pantheon wußten, kann nicht mit Sicherheit festgestellt werden. Eine andere Möglichkeit wäre, daß Muhammad die Verehrung Marias in der Liturgie einiger arabischer Kirchen kannte, wie z.B. die der Mariamiten. Muhammad könnte auch einige diesbezügliche Aussagen aus der syrischen Kirche vernommen haben. Weil in der syrischen Sprache das Wort für Geist feminin ist, hat das apokryphe »Evangelium an Hebräer« Christus sagen lassen: »meine Mutter, *die* heilige Geist«. Der syrische Theologe und Schriftsteller Afrahat (gestorben ca. 345 n.Chr.) hat in seiner »Verhandlung über die Jungfräulichkeit gegen die Juden« gesagt: »Wenn ein Mann keine Frau hat, liebt und verehrt er Gott, seinen Vater und *die* heilige Geist, seine Mutter.«

Wie dem auch sei, für den Islam besteht die Trinität aus Vater, Mutter und Sohn, weil das unfehlbare Gotteswort, der Koran, es so geoffenbart hat.

## Exkurs: Ist Gott der Dreieine?

Es gibt innerhalb der protestantischen Theologie Strömungen, die meinen, auf den trinitarischen Glauben verzichten zu können. Sie argumentieren, diese Lehre sei spät formuliert worden und wenn sie fallengelassen wird, dürfte die Verständigung mit dem Islam um vieles leichter werden. Die Frage ist, ob der Glaube an den dreieinigen Gott nicht zurückgestellt werden kann, damit das Verhältnis zum Islam gebessert wird.

Zuerst muß gefragt werden, was »Einheit« wirklich bedeutet. Karl Barth schreibt in »Gotteserkenntnis und Gottesdienst« (Zollikon 1938, S. 57): »Der Satz des Thomas von Aquino: ‚Deus non est in aliquo genere‘ – Gott ist in keinerlei Art aufgehoben – S. theol. I, 3.5) muß in aller Strenge auch auf das Genus ‚Einheit‘ oder ‚Einzigkeit‘ angewendet werden. Auch was unter dieses

Genus fällt, ist als solches, und wenn es die letzte und höchste denkbare oder fühlbare Einheit der Welt wäre, noch nicht Gott.«

Ein einleuchtendes Beispiel ist die Philosophie Plotins. Er sagt in der Enneade VI,9 – Das Gute und das Eine: »Alles Seiende ist durch das Eine ein Seiendes (1). Das Eine kann weder alles sein, denn dann wäre es nicht mehr Eines, noch der Geist, denn dann wäre es wiederum alles, da der Geist alles ist, noch auch das Seiende, denn das Seiende ist alles (15). Denn wenn du ihn denkst wie Geist oder Gott, so ist er mehr« (40). Plotin hat damit gesagt, daß der Grund oder die Quelle alles Seienden das Eine ist, aber das Eine ist nicht Gott. Folglich braucht die Verehrung des höchsten Einen noch nicht die Verehrung Gottes zu sein. Aus diesem Grunde kann Karl Barth feststellen: »Und es beruht auf einer optischen Täuschung, wenn man das Christentum mit dem Islam zusammen als eine ‚monotheistische' Religion bezeichnet.«

Dennoch meldet sich hier eine der schwierigsten Fragen der vergleichenden Religionswissenschaft. Denn neben den Satz von Thomas von Aquin, den Karl Barth als Basis für seine Argumentation anführt, können zwei Verse aus dem Koran gesetzt werden, die aus dem Ende der ersten und der zweiten mekkanischen Periode stammen. In 112,4 heißt es: »und keiner ist ihm gleichrangig« *(kufu')*; und in 42,11: »Es gibt nichts, was ihm gleichkommen würde.« In Sure 112 wird das Zeugen und Erzeugtwerden im Blick auf Gott geleugnet, und in Sure 42 wird festgestellt, daß Gott nicht mit geschaffenen Lebewesen verglichen werden kann.

Die Frage erhebt sich, ob Thomas von Aquin in der Argumentation von Karl Barth und der Koran dasselbe sagen; oder trifft hier die religionsphänomenologische Wahrnehmung zu, daß, wenn zwei dasselbe sagen, es noch nicht dasselbe beinhaltet? Die 112. Sure gehört zu den Hauptdogmen des Islam, indem sie die kompromißlose Einzigartigkeit Gottes lehrt. Gott ist nicht erzeugt worden und hat auch keine Kinder. Sie ist ursprünglich wahrscheinlich gegen das arabische Heidentum gerichtet, hat aber auch als Argument gegen die Gottessohnschaft Christi gedient (Yusuf Ali: The holy Quran, S. 1806). Im Gegensatz dazu sprechen Thomas von Aquin und Karl Barth ausnahmslos von dem dreieinen Gott. Hier ist das Problem, ob der Unterschied gravierend ist, daß von einer optischen Täuschung gesprochen werden muß, wenn dem Gott des Korans derselbe Stellenwert gegeben wird wie dem Gott der Bibel.

Es muß m. E. aus christlicher Sicht notwendigerweise von Gott Vater, Gott Sohn und Gott Heiliger Geist gesprochen werden, nicht als zusätzliche Formulierung zu einer vorangegangenen göttlichen Einheit, sondern als grundlegendes und wesentliches Merkmal der christlichen Offenbarung. Augustin hat versucht, die Spuren der Trinität in der menschlichen Seele nachzuweisen. Der menschliche Geist wird sich Gottes bewußt *(memoria)*, kennt ihn *(intellectus)* und liebt ihn *(amor)* – (De Trinitate XIV).

Eine wirkliche Offenbarung Gottes muß trinitarisch, nicht bloß eine teilweise Mitteilung über Gott sein. Eine Spur davon läßt sich in der Kunst, besonders in der Musik, verfolgen. Man kann eine beliebig große Komposition ins Gedächtnis rufen, z.B. die h-moll-Messe von Johann Sebastian Bach, die Große Messe c-moll von Mozart oder die Auferstehungs-Symphonie Nr. 2 von Gustav Mahler. Nehmen wir als Beispiel die Messe c-moll von Mozart, weil wir aus seinen Briefen uns einigermaßen vorstellen können, auf welche Weise Mozart komponiert hat.

1) Die Messe war am Anfang im Geist Mozarts aufgehoben. Dort war sie aufbewahrt in ihrem Ursprung, aber für jeden Menschen unzugänglich.

2) Um den Menschen mitgeteilt werden zu können, mußte die Messe aus dem Geiste Mozarts in die Partitur aufgeschrieben werden. Durch die Partitur wurde die Messe für Menschen zugänglich. Demgemäß hat die Messe zwei Naturen: die Natur, die sie im Geist Mozarts vom Ursprung an hatte, und die Natur der Musiker, die diese Messe von der Partitur her verstehen können.

3) Damit ist die Messe noch nicht zum Leben erweckt. Sie muß erklingen. Wenn sie aber gespielt wird, treten zwei Möglichkeiten auf. Der eine Zuhörer wird sie als ein furchtbares Getöse verwerfen, der andere wird von ihrer Schönheit bis in die Tiefen seiner Seele erschüttert sein. Das Letztere kann nur der Fall sein, wenn zwischen der Messe im Geist Mozarts, in der Partitur und der Messe im Geist der Zuhörer eine Kongenialität vorhanden ist, durch die sich der Geist der Messe dem Geist der Zuhörer mitteilt.

Folglich hat die Messe c-moll drei Gestalten; ihren Ursprung im Geist Mozarts, in der niedergeschriebenen Partitur und im Erlebnis der Zuhörer. In diesen drei Gestalten entstehen nicht drei Messen, sondern es bleibt die eine Messe, wie Mozart sie in seinem Geist komponiert hat. Es findet auch nicht eine Abstufung oder Wertminderung statt. Die geschriebene und gehörte Messe hat denselben Wert, hat dieselbe Qualität wie die Messe im Geist Mozarts, ist ohne Abstriche dieselbe Messe.

Diese psychologische Tatsache kann als Vergleich dienen für die Erkenntnis der Bedeutung und Notwendigkeit der Trinität.

1) An mehreren Stellen bezeugt die Bibel, Gott sei Geist. Diese Wahrheit faßt Johannes 4,24 in dem Satz zusammen: »Gott ist Geist«. Dies aber bedeutet noch nicht, daß Gott unmittelbar für jedermann erfaßbar wäre. Die Bibel bezeugt mit derselben Deutlichkeit, daß niemand Gott sehen, erreichen oder über ihn verfügen kann. Auch diese Wahrheit faßt Johannes 1,18 in dem Satz zusammen: »Niemand hat Gott je gesehen«, und 2. Mose 33,20: »Kein Mensch kann mich sehen und am Leben bleiben« (vgl. 1 Joh 4,12). Dieser Gott würde für immer verborgen bleiben, wenn er sich nicht von sich aus offenbaren würde – wie das Konzept der Messe c-moll im Geist Mozarts verschlossen geblieben wäre. Die Bibel berichtet: »Viele Male und auf vielerlei Weise hat Gott einst zu den Vätern gesprochen durch die Propheten. In dieser Endzeit aber hat er zu uns gesprochen durch den Sohn, den er zum Erben des Alls eingesetzt und durch den er auch die Welt erschaffen hat« (Hebr 1,1-2).

2) Die vollständige Messe c-moll im Geist Mozarts wurde in der Partitur niedergelegt und somit offenbar gemacht. Das Wesen Gottes wurde in dem Sohn offenbar. Genauso wie die Partitur ist die Inkarnation eine Notwendigkeit in der Selbstoffenbarung Gottes. »Das Wort ist Fleisch geworden und hat unter uns gewohnt, und wir haben seine Herrlichkeit gesehen, die Herrlichkeit des einzigen Sohnes vom Vater, voll Gnade und Wahrheit ... Niemand hat Gott je gesehen. Der Einzige, der Gott ist und am Herzen des Vaters ruht, er hat Kunde gebracht!« (Joh 1,14 und 18). Die Partitur ist das vollständige und getreue Abbild der Messe c-moll im Geist Mozarts. Nur die Partitur bzw. die Inkarnation kann den Ursprung im Geist ohne Einschränkung mitteilen.

Um verstanden werden zu können, hat die Partitur zwei Naturen. So auch der Sohn: wahrhaftig Gott und wahrhaftig Mensch. Paulus faßt diese Wahrheit in den Worten zusammen:

»das Evangelium von seinem Sohn, der dem Fleisch nach geboren ist als Nachkomme Davids, der dem Geist der Heiligkeit nach eingesetzt ist als Sohn Gottes in Macht, seit der Auferstehung von den Toten« (Röm 1,3-4). Wie die Partitur von Mozarts Messe c-moll unter uns verfügbar ist, so hat der Sohn unter uns gewohnt, damit wir durch ihn Gott kennen, wie wir durch die Partitur die vollständige Messe kennen. »Wer mich gesehen hat, hat den Vater gesehen« (Joh 14,9). Der Vater, den niemand sehen kann, wird in dem Sohn sichtbar, wie die Messe c-moll sichtbar wird durch die Partitur. Dies ist die Wahrheit und Notwendigkeit der Inkarnation. Sie ist keine teilweise Mitteilung über Gott, sondern seine Selbstoffenbarung.

3) Zwei Bedingungen müssen erfüllt werden: Die Messe c-moll muß zum Erklingen gebracht werden, und die Zuhörer müssen ihre Schönheit erleben. So teilt sich der Geist der Messe dem Geist der Hörer mit.

Dieser Hinweis sei ein Vergleich für die Notwendigkeit des Heiligen Geistes, der die Wahrheit Gottes des Vaters und Gottes des Sohnes den Menschen mitteilt und erfahren läßt. Johannes 14,16-17 spricht darüber: »Und ich (der Sohn) werde den Vater bitten, und er wird euch einen anderen Beistand geben, der für immer bei euch bleiben soll. Es ist der Geist der Wahrheit, den die Welt nicht empfangen kann, weil sie ihn nicht sieht und nicht kennt.« Musikalische Kongenialität ist notwendig, um die gehörte Messe auch zu erleben. Nur der Heilige Geist kann die Wahrheit Gottes und die der Inkarnation bekanntmachen. Darüber sagt Paulus: »Und keiner kann sagen: Jesus ist der Herr, wenn er nicht aus dem Heiligen Geist redet« (1 Kor 12,3). Was die Inkarnation bedeutet und bewirkt, kann nur der Heilige Geist dem menschlichen Geist mitteilen. »So bezeugt der Geist selber unserem Geist, daß wir Kinder Gottes sind« (Röm 8,16).

Es gibt keine drei unterschiedlichen Messen c-moll. Es ist die eine Messe im Geist Mozarts, in der Partitur und im Erklingen. Es gibt auch keine drei unterschiedlichen Götter. Der Heilige Geist ist der Geist des Sohnes und der Geist des Vaters (Lk 4,18). Paulus predigt in der Kraft des Geistes Gottes (Röm 15,19). Der Geist Gottes, der auch der Geist des Herrn ist, wohnt in euch (1 Kor 3,16). Und wo der Geist des Herrn ist, da ist die Freiheit (2 Kor 3,17). Somit ist es ein- und derselbe Gott in Vater, Sohn und Heiligem Geist.

Damit ist der Vorwurf des Korans, die Christen glaubten an drei Götter, null und nichtig.

## Die Trinität der Liebe

Die Trinität von Gott Vater, Sohn und Heiligem Geist ist eine Trinität der Liebe. Diese Liebe durchdringt alle drei Personen – wie die Schönheit alle drei Gestalten der Messe c-moll von Mozart durchdringt *(in pulchritudine bonum!)*.

Von Gott sagt die Bibel nicht nur, daß er Geist ist, sondern auch: »Gott ist Liebe« (1 Joh 4,8 und 16). Aus Liebe hat Gott seinen Sohn hingegeben, damit jeder, der an ihn glaubt, nicht zugrunde geht, sondern das ewige Leben hat (Joh 3,16). Auch der Sohn ist die Liebe. »Weder Leben noch Tod, noch Mächte noch irgendeine Kreatur können uns scheiden von der Liebe Gottes, die in Christus Jesus ist, unserem Herrn« (Röm 8,38-39). Es ist die Liebe des Heiligen Geistes, welche die drei Personen der Trinität miteinander zu einer Einheit verbindet und die Gläubigen mit der göttlichen Trinität. Darüber hat Paulus gesagt: »Die Hoffnung läßt nicht zuschanden werden, denn die Liebe Gottes ist ausgegossen in unsere Herzen durch den Heiligen Geist, der uns gegeben ist« (Röm 5,5).

Ist mit der Aussage, die Trinität sei die Dreifaltigkeit der Liebe, die Regel von Thomas von Aquin: »Deus non est in aliquo genere« und damit auch die Argumentation von Karl Barth nicht überholt, weil Gott unter dem Genus »Liebe« erscheint? Wenn wir diese Frage bejahten, hätte der Koran die biblische Lehre von der Unvergleichbarkeit Gottes besser bewahrt als die neutestamentliche Interpretation. Nun ordnet aber die Bibel die Liebe der Trinität nicht unter den Kategorien menschlicher Liebe ein. Es gibt keine menschliche Art der Liebe, die mit der Liebe Gottes vergleichbar wäre. Diese göttliche Liebe hat sich in Christus entäußert und sich bis zum Tode am Kreuz erniedrigt, damit die zur Sünde und zum Tode verdammten Menschen gerettet werden (Phil 2,6ff). Der Gerechte und Unsterbliche hat den Platz stellvertretend für die Ungerechten und Sterblichen eingenommen. Paulus hat diese Stellvertretung, diesen Tausch so umschrieben: »Christus ist schon zu der Zeit, da wir noch schwach und gottlos waren, für uns gestorben. Dabei wird nur schwerlich jemand für einen Gerechten sterben; vielleicht wird er jedoch für einen guten Menschen sein Leben wagen. Gott aber hat seine Liebe zu uns darin erwiesen, daß Christus für uns gestorben ist, als wir noch Sünder waren« (Röm 5,6–8).

Jetzt ist es möglich, einen Vergleich des Gottes der Bibel mit dem Gott des Korans zu wagen. Ungeachtet der vielen Übereinstimmungen mit biblischen Begriffen – wie Gott der Schöpfer des Himmels und der Erde; Gott der Richter, der belohnt und bestraft; Gott, der die Sünde zurechnet und aufhebt; Gott, der Herr über das Jüngste Gericht – haben die Eigenschaften und das Wesen des Gottes des Korans eine andere Qualität. Der Gott der Bibel hat seinen Sohn dahingegeben, um die Verlorenen zu retten. Diese Erlösungstat muß trinitarisch sein (Beispiel: Die drei Gestalten der Messe c-moll machen sie aktuell und erfahrbar!), und das Herz der Erlösung ist Kreuz und Auferstehung Christi. Der Gott des Korans kennt diese trinitarische Erlösung am Kreuz nicht, im Gegenteil. Der Koran leugnet das Kreuz und damit den Sühnetod Christi. Damit hat der Gott des Korans sich von dem Gott und Vater Jesu Christi endgültig distanziert.

## 5. Die koranische Polemik gegen das Kreuz

Auch der Tod Jesu Christi am Kreuz hat im Koran eine Sonderstellung. Über den Tod aller anderen Propheten wird im Koran nirgendwo so ausführlich gesprochen wie über den Tod Jesu. Die vielen diesbezüglichen Aussagen im Koran machen das Problem nicht leichter. Es ist schwierig, alle auf einen eindeutigen Nenner zu bringen. Die entsprechenden Texte können in zwei Gruppen aufgeteilt werden: 1. Welchen Tod hat Jesus erlitten? War dies ein natürlicher Tod, wie ihn alle Propheten erlitten haben? 2. Was sagt der Koran über den Tod am Kreuz?

1) In der 2. mekkanischen Periode spricht Muhammad in der 19. Sure über Zacharias, Johannes den Täufer, Maria und Jesus. Zwischen den Berichten über seine Geburt und die Leugnung, er

sei der Sohn Gottes, wird allgemein mitgeteilt: »Heil sei über mir am Tag, da ich geboren wurde, am Tag, da ich sterbe, und am Tag, da ich zum Leben auferweckt werde« (19,33). Hier scheint von einem natürlichen Tode Jesu die Rede zu sein, während seine Auferstehung als die allgemeine am Ende der Zeiten verstanden wird. Dieselbe Meinung wird in der medinischen Periode bestätigt: »Als Gott sagte: Jesus! Ich werde dich abberufen und zu mir erheben und rein machen, so daß du den Ungläubigen entrückt bist. Und ich werde bewirken, daß diejenigen, die dir folgen, den Ungläubigen bis zum Tag der Auferstehung überlegen sind. Dann werdet ihr zu mir zurückkehren. Und ich werde zwischen euch entscheiden über das, worüber ihr uneins waret« (3,55). Das arabische Wort *mutawaffīka* bedeutet: einen natürlichen Tod sterben (vgl. 2,240). Dieser Tod bedeutet aber, daß Gott Jesus zu sich erhoben hat *(rāfi'ka)*. Undeutlich bleibt aber, in welchem Verhältnis dieses Aufgehoben-sein steht zum Tag der Auferstehung, an dem »ihr zu mir zurückkehren werdet«. Doch keinesfalls ist von einer besonderen Bedeutung des Todes und der Auferstehung Jesu die Rede, denn die nachfolgenden Verse 56-57 betonen Gottes belohnende und strafende Gerechtigkeit. Ein Sühnetod Jesu ist im Koran ausgeschlossen.

Die 5. Sure wurde gegen Ende der medinischen Periode geoffenbart, also in einer Zeit, als Muhammad in Arabien die Macht ausübte. Auf die Hilfe von Juden und Christen – auch auf die religiöse – konnte er jetzt verzichten. Deswegen enthält auch der größte Teil (V. 6-86) gezielte Angriffe auf Juden und Christen. In diesem Kontext steht eine allgemeine Aussage über Jesus: »Ungläubig sind diejenigen, die sagen: Gott ist der Messias, der Sohn der Maria. Sag! ‚Wer vermöchte gegen Gott etwas auszurichten, falls er den Messias, den Sohn der Maria, und seine Mutter und alle, die auf der Erde sind, zugrunde gehen lassen wollte? Gott hat die Herrschaft über Himmel und Erde und was dazwischen ist'« (5,17-18).

Sehr oft wird im Koran darauf hingewiesen, daß Gott ganze Städte, Völker und Geschlechter hat zugrunde gehen lassen (6,6). Gott hat folglich auch die Macht, Jesus und Maria zu vernichten – was er nicht tut. Aber die ungläubigen Christen sollen daraus die Lehre ziehen, daß der Messias nicht Gott ist. Damit ist für Muhammad die Sache geregelt. Gott hat auch die Macht über den Tod

Jesu, wie er diese Macht über alle Menschen hat. Diese Allmacht Gottes schließt eine Besonderheit des Todes Jesu aus.

2) Für die Polemik gegen den christlichen Glauben ist der Abschnitt 4,157-158 entscheidend. Die Sure wurde in Medina geoffenbart. Ein großer Teil (V. 44-115) besteht aus Angriffen gegen die Feinde des Islam; die Juden und arabischen Heuchler werden besonders erwähnt. Dieser Teil kann etwa auf das Jahr 625 datiert werden. Die Verse über den Tod Jesu stammen aus diesem Jahre oder etwas später. Nicht ohne Wichtigkeit ist festzustellen, daß diese Verse in einem Abschnitt stehen (150-162), in dem die Juden vehement angegriffen werden. Ihr Laster ist ihr Unglaube, Untreue gegenüber dem Bund und das Töten ihrer Propheten. Zu den bösen Taten gehört auch ihre Lüge, daß sie den Messias, den Sohn der Maria, getötet hätten. Denn dies würde für die Juden der Beweis sein, daß Jesus nicht der Messias ist – vielleicht mit der heimlichen hintergründigen Annahme, daß ebensowenig Muhammad ein Prophet für die Juden sein kann. Die Antwort des Korans lautet (4,157): »Sie sagten: Wir haben den Messias, den Sohn der Maria und Gesandten Gottes, getötet. Aber sie haben ihn nicht getötet und nicht gekreuzigt. Vielmehr erschien ihnen ein anderer ähnlich. Und diejenigen, die darüber uneins sind, sind im Zweifel über ihn. Sie haben kein Wissen darüber, gehen vielmehr Vermutungen nach. Dies ist gewiß: sie haben ihn nicht getötet. Nein! Gott hat ihn zu sich erhoben. Gott ist mächtig und weise.«

Diese Verse werfen einige Fragen auf, ausgenommen die kategorische Feststellung, daß Jesus nicht gekreuzigt wurde. Aber warum hat Muhammad diese »Lüge« den Juden in den Mund gelegt, während er doch von jedem Christen hätte hören können, daß der Kreuzestod Jesu ein Hauptelement ihres Glaubens ist? Vielleicht liegt die Antwort in den schwer zu übersetzenden Worten *wa lakin shubbiha lahum,* was auch übersetzt werden kann: »sondern er (Jesus) wurde vor ihren Augen (in einem Scheinbild) ähnlich gemacht.« Wenn diese Übersetzung die richtige ist, dann hat Muhammad von einer christlich-gnostischen Lehre gehört. Der Gnostiker Basilides schrieb etwa 135 n. Chr. in Alexandria seine *Exegetika*. Da für die Gnostiker der Geist das Gute ist, die Materie hingegen das Böse, trug Jesus angeblich nur einen Scheinkörper (Doketismus). Vor seinem Leiden hat er diesen Körper verlassen, und Simon von Kyrene, der sein Kreuz trug, nahm sein Scheinbild an und wurde an Christi Statt gekreuzigt. Christus aber, jetzt unsichtbar für alle feindlichen Mächte, ist gen Himmel gefahren. Falls Muhammad von diesen gnostischen Lehren gehört haben sollte, ist auch die Frage beantwortet, warum in diesem Abschnitt nicht über den natürlichen Tod Jesu gesprochen wird, zumal 19,33 von dem Tag spricht, an dem Jesus stirbt. Dieser Tod wird verstanden als ein »zu Gott aufgehoben werden«. Der arabische Text hat hierfür *rafa'a*. Nach 94,4 bedeutet dies: »in Ruhm und Ehre aufgehoben werden.«

Aus alledem würde hervorgehen, daß der Koran den Tod Jesu nicht betont, sondern ihn durch die Ehre des Aufgenommenseins durch Gott überdeckt.

Nichtsdestoweniger betont der Koran mit der gleichen Überzeugungskraft, daß Jesus den Kreuzestod nicht erlitten hat. Dafür gibt es aus der Sicht des Korans schwerwiegende Gründe.

Erstens hat der Koran nicht dasselbe Sündenverständnis wie die Bibel. Während die Bibel über die dem Bösen innewohnende zerstörende Macht und Dynamik spricht, bleibt die Sünde im Koran (auch wenn sie eine schwere Sünde ist) okkasionell an eine bestimmte Person in einer bestimmten Situation gebunden. Das Schulbeispiel ist Adam, dessen Sünde keine tiefgreifenden Folgen hat.

Zweitens reicht die Vergebung Gottes aus, um die Sünde des Menschen aufzuheben. Die Vergebung liegt völlig in der unergründlichen Allmacht Gottes verschlossen. Allein diese Allmacht bestimmt – ohne Zutun eines bestimmten Menschen. In der Bibel will Mose die Sünde seines Volkes tragen (2. Mose 32,11ff); der leidende Gottesknecht »wurde durchbohrt wegen unserer Verbrechen, wegen unserer Sünden zermalmt. Zu unserem Heil liegt die Strafe auf ihm, durch seine Wunden sind wir geheilt« (Jes 53,5); Jesus ist das Lamm Gottes, das die Sünde der Welt hinwegnimmt (Joh 1,29); das Sühneopfer, das vergossene Blut, Christus für uns gestorben, als wir noch Sünder waren (Röm 5,8). All dies war Muhammad nicht bekannt, hat darum in der Verkündigung des Korans auch keinen Platz, weil die unerforschliche Vergebung Gottes allen denkbaren Raum eingenommen hat.

Drittens hat die Leugnung des Kreuzestodes Jesu ein schwerwiegendes Argument innerhalb des koranischen Dogmas. Auch wenn nebenbei gesagt wird, daß die Juden ihre Propheten unberechtigterweise getötet haben (4,155), das Hauptdogma lautet, daß Allah in seinen Propheten gegenüber ihren Feinden immer siegreich ist. Dies beweisen die Straflegenden um Noah, Abraham, Lot und Mose. Gott verteidigt diejenigen, die glauben (22,38 – medinische Periode): Gott hilft denjenigen, die angegriffen werden (22,39). »Aber bestimmt wird Gott denen, die ihm helfen, ebenfalls helfen. Er ist stark und mächtig« (22,40). Gott vereitelt die Pläne der Feinde Jesu (3,54 medinische Periode). Die Kreuzigung Jesu würde dieses Hauptdogma in Frage stellen und darüberhinaus auch die Allmacht Gottes. All dies bedeutet: Der Koran leugnet das Herzstück des Evangeliums. Das heißt aber auch: Der Gott des Korans ist nicht der Gott, den Jesus seinen Vater genannt hat.

## 6. Jesus kündigt Muhammad an

Ungeachtet der außerordentlichen Wunder, die Jesus im Koran zugeschrieben werden, ist er nicht der Prophet, der die entscheidende Offenbarung gebracht hat. Er muß zurücktreten hinter Muhammad, der das Siegel aller Propheten ist (33,40 medinische Periode).

Eine besondere Bedeutung kommt Sure 61,6 zu. Vers 6 stammt zwar aus der medinischen Zeit, jedoch kann das Entstehungsjahr nicht genau festgestellt werden. Der Vers beschreibt die Aufgabe Jesu, steht aber eingerahmt zwischen einem Vers, in dem Mose sein Volk tadelt, weil es ihm Ungemach zufügt und beleidigt, und zwischen drei Versen (7-9), die die Juden in Medina wegen ihres Unglaubens gegenüber dem Islam angreifen: »Er ist es, der seinen Gesandten (Muhammad) mit der Rechtleitung und der wahren Religion geschickt hat, um ihr (dem Islam) zum Sieg zu verhelfen über alle Religionen, auch wenn es den Nicht-Monotheisten *(mushrikūn)* zuwider ist.«

Damit ist der zeitliche und religiöse Kontext gegeben. Nach dem Bruch mit den Juden – die schon Mose keinen Glauben geschenkt haben – wird Muhammad und der Islam über alle Religionen siegen *('alā al-dīn kulli-hi)*. In dieses Klima paßt 61,6. Auch

Jesus spricht wie Muhammad zu den Juden: »Und als Jesus, der Sohn der Maria, sagte: Ihr Kinder Israel! Ich bin von Gott zu euch gesandt, um zu bestätigen, was von der Tora vor mir da war.« Dann folgt eine neue Mitteilung: »und die Frohbotschaft zu bringen eines Gesandten, der nach mir kommen wird und dessen Namen Ahmad ist«.

Zuerst ist wichtig festzustellen, welche bedeutende Rolle in diesem Kontext das Wort »Gesandter« *(rasūl)* spielt. Mose ist *rasūl Allah* – wie Muhammad wird er von den Juden beleidigt; Muhammad ist *rasūl Allah,* der mit seinem Islam siegreich über alle Religionen sein wird; und Jesus ist *rasūl Allah,* aber er weist auf einen anderen *rasūl* hin, der nach ihm kommen wird. Der Kontext läßt keine andere Folgerung zu, als daß dieser *rasūl* Muhammad ist.

Was aber bedeutet der Name Ahmad? Nicht in allen Manuskripten des Korans kommt der Name Ahmad vor. Die Variante von Ubayy lautet: »Als Jesus, der Sohn der Maria, sagte: O Söhne Israel! Ich bin der Gesandte (rasūl) Allahs und ich verkündige euch einen Propheten, dessen Gemeinde die letzte Gemeinde sein wird und durch die Gott das Siegel auf (allen) Propheten und Gesandten anbringen wird.« Statt Ahmad wird jetzt ein Prophet genannt, der das Siegel auf allen vorangegangenen Propheten anbringen wird. Dasselbe wird in 33,40 von Muhammad gesagt. Deshalb ist anzunehmen, daß mit dem Namen Ahmad auch Muhammad gemeint ist (R. Blachère: Le Coran III,909).

Diese Meinung läßt sich durch eine alte islamische Tradition belegen. In seiner Biographie über Muhammad *(Sirat rasūl Allah;* Wüstenfeld 149-150 = Guillaume, The life of Muhammad 103-104) schreibt Ibn Ishāq, daß Jesus im Johannesevangelium den Parakleten (Beistand) verheißen hat, und zieht hieraus den Schluß: »Dieser *Munahhemana* – Gott segne und beschütze ihn! – in syrischer Sprache ist dies Muhammad; in griechischer Sprache ist es der Paraklet.« Ibn Ishāq hat Joh 15,23ff zitiert, aber nicht aus der Bibel der Syrischen Kirche, sondern aus einem palästinensischen syrischen Lektionar. Wie im Griechischen hat die syrische Bibel den Ausdruck Paraklet. Das Wort *Munahhemana* bedeutet in syrisch: Lebensspender, besonders der, der aus dem Tode auferweckt. Aus diesem Grunde ist er der Tröster für die Nachkommen. In dieser Bedeutung kommt der Begriff auch im Talmud und Targum vor (Guillaume 104).

Es fällt schwer, einen sprachlichen Zusammenhang zwischen *Munahhemana* und *Ahmad* zu konstruieren, zumal Ibn Ishāq die Sure 61,6 in diesem Bericht überhaupt nicht nennt. Die spätere islamische Tradition hat hierfür eine Lösung gefunden. Man hat Ahmad als Eigenname mit Muhammad gleichgesetzt in der Bedeutung: der Gepriesene. Dies würde griechisch übersetzt *periklytos* (hochberühmt) sein. Das Johannesevangelium hat aber in 14,16; 15,26 und 16,7 *paraklētos* = Beistand. Es wurde angenommen, daß *paraklētos* eine Verschreibung für *periklytos* war. Aber auch, wenn *paraklētos* das richtige ist, würde mit diesem Ausdruck Muhammad gemeint sein, denn 21,107 nennt ihn: »eine Barmherzigkeit für die Menschen in aller Welt« und 9,128: »der gegen die Gläubigen mitleidig und barmherzig ist« (Yusuf Ali: The holy Quran, 1540, n. 5438).

W.M. Watt hat festgestellt, daß vor dem Jahre 125 A.H. = 777 n.Chr. Kinder sehr selten den Namen Ahmad bekamen, wohl aber den Namen Muhammad. Als Eigenname muß Ahmad spät in Gebrauch gekommen sein, zumal Ibn Ishāq den Namen nicht nennt (Watt: His name ist Ahmad, The muslim world XLIII, 110f).

Bleibt die andere Möglichkeit, daß Ahmad kein Eigenname, sondern ein Komparativ ist in der Bedeutung: dessen Name löblicher (oder hochlöblich) ist (Paret: Der Koran, Kommentar und Konkordanz, S. 476). Wenn die Syntax dieses Verses beachtet wird, dann lautet die Übersetzung: »und einen *rasūl* mit einem noch löblicheren Namen (als Jesus) als Frohbotschaft zu verkünden«. Im Hinblick auf die stilistische Kulmination in 61,9: Muhammad als *rasūl* mit der Rechtleitung und der wahren Religion, die über alle Religionen siegreich sein wird, muß das »ahmad« auf Muhammad bezogen werden. Damit steht fest, daß der Koran Jesus ohne jeden Zweifel als einen Vorläufer von Muhammad einordnet.

Jesus als Vorläufer! Jesu Botschaft und seine Person weisen im Koran zwar biblische Züge auf, aber das Herz seines Evangeliums fehlt. Es hat Platz machen müssen für die Verkündigung Muhammads.

Es steht außer Zweifel, daß die Abendmahlsworte Jesu in den Evangelien echt und zuverlässig sind: »das ist mein Blut, das Blut des Bundes, das für viele vergossen wird zur Vergebung der Sünden« (Mt 26,28; 2 Mose 24,8; Mk 14,24; Lk 27,20; 1 Kor 11,25).

Auch die Interpretation durch Paulus steht auf einem festen Boden. »Wenn also jemand in Christus ist, dann ist er eine neue Schöpfung. Das Alte ist vergangen, Neues ist geworden. Aber das alles kommt von Gott, der uns durch Christus mit sich versöhnt und uns den Dienst der Versöhnung aufgetragen hat. Ja, Gott war es, der in Christus die Welt mit sich versöhnt hat, indem er den Menschen ihre Verfehlungen nicht anrechnete und uns das Wort von der Versöhnung anvertraute. Wir sind also Gesandte an Christi Statt, und Gott ist es, der durch uns mahnt. Wir bitten an Christi Statt: Laßt euch mit Gott versöhnen! Er hat den, der keine Sünde kannte, für uns zur Sünde gemacht, damit wir in ihm Gerechtigkeit Gottes würden« (2 Kor 5,17-21).

Da der Koran im Namen seines Propheten und als Wort Gottes diese Heilstat Gottes in Christus verneint, ist der Gott der Versöhnung in Christus nicht der Gott des Korans.

# VII. Die Notwendigkeit und die Bedingungen für einen Dialog

Der Koran führt einen ständigen Dialog mit dem Glauben von Juden und Christen. In diesem Dialog wird viel von ihrem Glauben übernommen, auch viel zurückgewiesen, weil es dem Selbstverständnis seines Propheten Muhammad entgegenlief. Schon aufgrund dieser historisch-theologischen Tatsache ist der Dialog mit dem Islam unausweichlich.

Diese Notwendigkeit hat die Begegnung der beiden Religionen in der Geschichte noch verschärft und ist heute zwingend geboten. Die abschreckenden Beispiele im Libanon, in Berg-Karabach und in Bosnien, wo Christen und Muslime sich gegenseitig bekämpfen; das zusammenwachsende Europa, das Christen und Muslime zueinander bringt; die gemeinsame Verantwortung für die Bewahrung des Lebens und der Schöpfung, all diese Faktoren machen den Dialog zu einem Gebot der Stunde. Hätte die christliche Kirche von 1933 in Europa den mutigen und offenen Dialog mit dem Judentum geführt, wäre vielleicht die furchtbare Katastrophe des Holocaust zu verhindern gewesen. In diesem Sinne ist Hans Küng (Projekt Weltethos, München 1990) zuzustimmen, wenn seine These lautet: In der heutigen Zeit gibt es keine Alternative zum Dialog zwischen den Religionen.

Aber auf dieser Grundlage muß die Frage gestellt werden: Wie soll dieser Dialog geführt werden? Hier melden sich für die christliche Seite einige Gefahren und Versuchungen.

Der Dialog kann zur Karikatur werden. Als die arabischen Muslime nach der Niederlage gegen Israel im Sechstagekrieg 1967 eine feste Identität suchten, hat ihnen *The University Christian Center* in Beirut/Libanon den Dialog angeboten. Die Muslime der Universität nahmen dieses Angebot an, aber unter der Bedingung, daß das Kreuz aus der christlichen Kapelle entfernt würde. Ohne Bedenken nahmen damals die Christen diese Bedingung an. So wird der Dialog zur Karikatur.

Hier droht die Versuchung der Anbiederung. Wir leben in einer Zeit der Humanisierung und Politisierung der Botschaft des Evangeliums. Weil politische Tätigkeit (zwar nötig!) als Hauptaufgabe für christliches Handeln angesehen wird, gerät die Verkündigung des Kreuzes und der Auferstehung Jesu Christi in den Hintergrund. Auch in der christlichen Theologie sind Zweifel an der Realität der Auferstehung Jesu und damit an der sühnenden Bedeutung seines Kreuzes aufgekommen. Geht es aber im Dialog mit dem Islam an erster Stelle um die Bewahrung des Friedens und der Schöpfung, stehen Christen in der Versuchung, Kreuz und Auferstehung Jesu zu verschweigen – um des Friedens und der Gemeinsamkeiten der »abrahamitischen Religionen« willen. Weil der Islam die heilbringende Bedeutung von Kreuz und Auferstehung Jesu verneint, meinen manche Christen, diese entscheidenden Glaubensartikel ausklammern zu können, damit der Dialog greifbare Erfolge hat.

Aber ein Dialog ohne beiderseitige Wahrhaftigkeit ist kein Dialog. Dialog bedeutet, daß man dem Gesprächspartner das Tiefste seiner Überzeugung und damit auch den Sinn des Lebens im gegenseitigen Austausch zu verdeutlichen versucht. Dialog ist das Offenlegen der Wahrheit, die letzten Endes unser Leben und Sterben bestimmt (Heidelberger Katechismus – Frage 1). Diese Wahrhaftigkeit kann und darf dem Gesprächspartner im Dialog nicht vorenthalten werden. Hier liegt für beide Seiten ein Risiko, denn wenn beide Seiten ihren jeweiligen Glauben in Wahrhaftigkeit vortragen, kann nicht ausgeschlossen bleiben, daß es zu Konversionen kommt.

Dieses Risiko ist augenblicklich auf christlicher Seite sogar größer als auf der islamischen. Die Säkularisierung ist im sog. »christlichen Westen« weit vorangeschritten. Die überall spürbare Folge ist die theoretische und praktische Gottlosigkeit, die den Zerfall einer auf göttliche Gebote sich stützende Moral nach sich zieht.

Wenn der Islam den Dialog mit dem Christentum in Wahrhaftigkeit führt, wird schnell klar werden, daß im Islam die Ehrfurcht vor der Majestät Gottes und damit verbunden der gebührende Gehorsam seinen Geboten gegenüber, besser aufgehoben ist als in der sog. »christlichen« Welt. Und es ist nicht auszuschließen, daß viele ernsthafte Menschen, die mit Sorge diese Gottlosigkeit und den Zerfall der Moral sehen, dem Beispiel des deutschen Botschafters in Marokko folgen werden, der zum Islam konvertierte, nicht zuletzt aus Enttäuschung über die Politik des Westens und die christliche Kirche.

Die christliche Kirche und alle gläubigen Christen sollten diese Warnung ernst nehmen. Es verlangt nicht weniger als eine Besinnung auf die Grundwerte des Evangeliums und ein Zeugnis in Wort und Tat.

Neben der Wahrhaftigkeit im Dialog steht damit die zweite Säule fest. Für den christlichen Glauben ist die Trinität Gottes eine Trinität der Liebe. »Denn Gott hat die Welt so sehr geliebt, daß er seinen einzigen Sohn hingab, damit jeder, der an ihn glaubt, nicht zugrunde geht, sondern das ewige Leben hat« (Joh 3,16). In Wahrhaftigkeit diese Liebe auch gegenüber Muslimen zu bezeugen, ist die Rechtfertigung des Dialogs. Auch der Muslim ist ein Mensch, für den Christus gestorben ist.

# Begriffserklärungen

**Aggadah oder Haggadah:** Erzählung, die zusammen mit Halakhah* Teil des mündlich überlieferten Gesetzes ist. Aggadah ist die erweiterte Erzählung solcher Bibelstellen, die eine Geschichte oder ethische Regel beinhalten.

**Ahl-al-kitāb:** Leute der Schrift. Mit diesem Ausdruck werden im Koran Juden und Christen belegt, weil sie die geoffenbarten Heiligen Schriften der Tora und des Evangeliums *(indjīl)* besitzen.

**Apokryphen** (griechisch): Die verborgenen Schriften. Im jüdischen und christlichen Sprachgebrauch nicht vollwertige, doch anerkannte Bücher außerhalb des biblischen Kanons.

**'Āshūrā:** Das von Muhammad in Medina eingeführte Fasten am zehnten Tag des Monats Muharram. Muhammad hat das jüdische Fasten am Versöhnungstage nach 4. Mose 16,29 von den Juden in Medina übernommen.

**Dhimma (Schutzvertrag):** Nach dem kanonischen Recht des Islam ist bei der Eroberung von nicht-muslimischen Gebieten den Juden und Christen Leben, religiöse Freiheit und Eigentum zu gewährleisten.

**Halakhah:** Von *halakh* = gehen. Umfaßt im Judentum die gesetzliche Regelung des jüdischen Lebens auf persönlichem, sozialem und nationalem Gebiet. Halakhah gründet sich auf das im AT geschriebene Gesetz und die spätere Tradition der Rabbinen.

**Hanīf:** Im Koran die Bezeichnung für alle, die die echte und reine monotheistische Religion haben.

**Hidjra:** Auswanderung Muhammads von Mekka nach Medina im Jahre 622 n.Chr. Anfang der islamischen Zeitrechnung.

**Indjīl:** Arabische Umstellung aus dem griechischen *euangelion* = Evangelium. Enthält im Koran alles, was Muhammad aus dem NT, aber mehr noch aus den Apokryphen zur Kenntnis gekommen ist.

**Ka'ba:** Das zentrale Heiligtum des Islam in Mekka. War schon vor Muhammad Objekt religiöser Verehrung der noch heidnischen Araber.

**Kapporeth:** Deckplatte auf der Bundeslade im Allerheiligsten des Tempels in Jerusalem.

**Kenose:** Die Erniedrigung/Entäußerung Jesu Christi bis zum Tode am Kreuz. Die Hauptstelle findet sich in der Hymne von Philipper 2,7.

**Kufr, Kāfir:** Menschen, welche die empfangenen Wohltaten Allahs bedecken, verwischen; bedeutet folglich Undankbarkeit gegenüber Allah und damit Unglaube.

**Kyrios** (griechisch): In der griechischen Übersetzung des AT (Septuaginta) der Name für Gott. In NT ist es der Name für den bis zum Tode am Kreuz sich erniedrigenden Christus, der von Gott zum Kyrios erhöht wurde (Phil 2,9-11).

**Mekka:** Stadt im heutigen Saudi-Arabien, Geburtsort Muhammads (ca. 570-580 n.Chr., Zeitpunkt der Geburt nicht genau bekannt).

**Midrash** (hebräisch): Bedeutung im AT: suchen, untersuchen, erforschen (3. Mose 10,16; 5. Mose 13,15). Bezeichnung einer ganzen rabbinischen Literatur. Sie umfaßt eine Exegese wichtiger Bibelstellen und Predigten. Als Midrash-halakhah ein fortlaufender aggadischer Kommentar zu besonderen Büchern des AT, z.B. Genesis Rabbah, Leviticus Rabbah, Deuteronomium Rabbah.

**Quraysh:** Name eines arabischen Stammes. Als Handelsaristokratie hatten sie die Macht in Mekka zur Zeit Muhammads inne.

**Rasūl** (arabisch): Gesandter, Apostel. Nach dem Koran besteht ein enges Verhältnis zwischen dem Apostel und dem Volk *(umma)*, zu dem er geschickt wird. Zu ihnen gehören – außer Muhammad – Noah, Lot, Ismael, Mose, Shu'ayb, Hūd, Sālih und Jesus.

**Salāt:** Rituelles islamisches Pflichtgebet. Aus dem aramäischen Wort *selota*, mit der Bedeutung beugen, krümmen, spannen. Muhammad hat das Wort *salāt* in diesem Sinne von seiner Umgebung übernommen. Es soll fünfmal am Tage zu Hause oder vorzugsweise in der Moschee stattfinden. Bei Allah ist diese Bekundung der Frömmigkeit nach dem Koran sehr beliebt (2,83.110. 177).

**Shari'a:** Der zu befolgende Weg – als Fachausdruck das kanonische Gesetz des Islam, für alle Lebensbereiche zuständig. Die Hauptquellen sind Koran und Sunna, ergänzt durch Analogieschluß und Konsens der Rechtsgelehrten. Alle Handlungen werden in fünf Kategorien eingeordnet: 1) Pflicht oder Notwendigkeit, 2) empfehlenswert, 3) indifferent, 4) verwerflich, 5) verboten.

**Shirk:** Zugesellung. Gott jemanden zugesellen, einen anderen neben Gott als Gott verehren. Denjenigen *(mushrikūn)* wird mit der Strafe im Jüngsten Gericht gedroht. Es ist die Sünde, für die Gott keine Vergebung hat (4,48.116; 31,13).

**Sunna:** Gewohnheit, Lebenswandel, Satzung. Im Koran kommt Sunna in zwei Verbindungen vor: 1) Die Sunna der Propheten, als Vorbild zur Nachfolge und Androhung von Strafe bei Unglaube. 2) Die Sunna Allahs weist den Propheten Lebenswandel und Privilegien zu. Für die *sharī'a* bedeutet die Sunna Muhammads, sein Tun, sein Sprechen und sein unausgesprochenes Gutheißen, die Maxime zur Nachfolge.

**Sūra:** Benennung der Abschnitte, aus denen der Koran besteht. Als Kapitelbezeichnung tragen sie in ihrem Titel einen Namen (z.B. Josef – Sure 12, oder Abraham – Sure 14). Außerdem wird auch die Stadt Mekka oder Medina genannt, in der die Sura geoffenbart wurde. Der Koran enthält 114 Suren.

**Talmud:** Studium und Lehre. Der Talmud enthält die Studien, Lehren und Diskussionen der Rabbinen *(amoraim)*, die entstanden sind aufgrund der Überlieferung der Mishna – Studien und Lehren der mündlichen Tora aufgrund der geschriebenen Tora – von Rabbi Judah ha-Nasi. Es gibt zwei Überlieferungen des Talmud: Talmud Babylon (der wichtigste) und Talmud Jerusalem. Der Babylonische Talmud wurde 499 n. Chr. abgeschlossen. Beide haben zwei Lehrtypen: *aggadah* und *halakha*. Beide erklären die Auslegung des geoffenbarten Gesetzes in einer bestimmten Situation oder die Lösung eines aufgekommenen Problems. Der Text des Babylonischen Talmuds umfaßt 2,5 Millionen Worte auf 5.894 Folioseiten; ein Drittel ist *halakhah*, zwei Drittel ist *aggadah*.

**Targum:** Übersetzung, Erklärung. Nachdem das Volk des Hebräischen nicht mehr mächtig war, wurde dieser Text während der Lesung in der Synagoge in die aramäische Sprache übersetzt und näher erklärt.

**Tora:** Lehre und Weisung. Sie umfaßt die Weisung in den fünf Büchern Mose: Genesis, Exodus, Leviticus, Numeri und Deuteronomium. Ihre Autorität beruht auf der Offenbarung, die Mose auf dem Sinai empfangen hat. Ihr Ziel ist, aus Israel ein Volk von Priestern und eine heilige Nation zu machen (2. Mose 19,6).

**Umma:** Volk, Gemeinde. Im Koran sind es die Gemeinschaften aus der Vergangenheit, die Gegenstand des göttlichen Heilsplans sind. In der Geschichte hat Gott zu jeder *umma* einen Gesandten geschickt (z. B. 6,42; 13,30). Dies gilt insbesondere für die *ahl al-kitāb*. Die wichtigste und endgültige *umma* ist die von Muhammad, sie ist die beste aller Gemeinden (3,110).

**Zakāt:** Almosensteuer, eine der Hauptpflichten des Islam. Der Koran stellt die Pflege der Wohltätigkeit als eine der Haupttugenden des wahren Gläubigen dar. 9,60 nennt die Liste der Empfänger: die Armen, die Bedürftigen, diejenigen, die daran (als Einnehmer) arbeiten, diejenigen, deren Herzen besänftigt werden sollen, die Sklaven, die Schuldner, die auf dem Wege Allahs (im Heiligen Krieg) sind, die Reisenden.

# Anmerkungen

1 Die Zitate sind Meldungen aus dem Internet-Archiv der Zeitung »Die Welt« zwischen dem 25. September und dem 3. Oktober 2001 entnommen. Die Übersetzung „Gott" wird hier jeweils mit dem präziseren Ausdruck »Allah« wiedergegeben.

2 Übersetzung von Rudi Paret, Der Koran, Stuttgart 1979. 4. Auflage 1985. Im Allgemeinen wird im vorliegenden Buch diese Übersetzung zitiert. Wenn es für die Argumentation nötig ist, wird direkt aus dem arabischen Originaltext übersetzt.

3 Lebenslauf und Schriftenverzeichnis finden sich in: Johan Bouman, Musik zur Ehre Gottes, Gießen: Brunnen, 1. und 2. Aufl. 2000, auf den Seiten 116-122 und 123-132.

4 Nöldeke, Geschichte des Qorans (1860), 2. Aufl. von Schwally I (1909), II (1919).

5 R. Bell, The Qur'an translated, with a critical rearrangement of the surahs. 2 Bde. 1937, 1939; ders., Introduction to the Qur'an, Edingburg 1953.

6 Ausführlich hierzu: J. Bouman, Der Koran und die Juden, Die Geschichte einer Tragödie, Darmstadt 1991.

7 Gerhard von Rad, Theologie des Alten Testaments, Bd. I, S. 167ff, München 1962.

8 In diesem Sinne ist besonders wichtig Karl R. Popper, John C. Eccles, Das Ich und sein Gehirn; John C. Eccles, Das Rätsel Mensch, München/Basel 1982.

Band II

**Glaubenskrise und Glaubensgewißheit im Christentum und im Islam**

Die Theologie al-Ghazalis und Augustins im Vergleich

366 Seiten
Reihe Monographien und Studienbücher
Bestell-Nr. 3-7655-9351-6

Der Lebensweg und die Theologie al-Ghazalis, des bedeutenden islamischen Theologen. Im ersten Teil des Buches wird außerdem ausführlich auf das Hauptwerk des Theologen eingegangen: „Die Wiederbelebung der Wissenschaften der Religion". Im zweiten Teil folgt der Vergleich der Theologie Augustins mit der al-Ghazalis. Er ist systematisch aufgebaut nach den gemeinsamen Hauptlehren in Christentum und Islam. Wo bestehen Gemeinsamkeiten, wo Unterschiede?
Johan Bouman ist ausgewiesener Kenner beider Religionen und bietet mit diesem Werk umfassende und fundierte Informationen, wie sie in dieser Weise einzigartig sind.